나는
남들보다
섬세한 사장입니다

나는 남들보다 섬세한 사장입니다

초판 발행 2019년 12월 24일

지은이 최규성

펴낸이 이성용
책임편집 박의성 **책디자인** 책돼지

펴낸곳 빈티지하우스
주 소 서울시 마포구 양화로11길 46 504호(서교동, 남성빌딩)
전 화 02-355-2696 **팩 스** 02-6442-2696
이메일 vintagehouse_book@naver.com
등 록 제 2017-000161호 (2017년 6월 15일)

ISBN 979-11-89249-26-7 13320

나는
남들보다
섬세한 사장입니다

최규성 지음

빈티지하우스
VINTAGE HOUSE

나는 남들보다 섬세한 사장입니다

하늘의 명도 안다는 지천명을 막 넘긴 내 인생을 되돌아보니 나는 생의 절반 이상을 사업가로 살았다. 대학 입학 후 강사생활에 뛰어들어 군대도 가기 전에 덜컥 첫 사업을 시작했으니 나의 20대는 그야말로 파란만장했다.

젊은 사장으로 세상의 뜨거운 맛을 제대로 봤다. 혼자 잘난 줄 알고 날뛰다 사업의 기본도 깨닫기 전에 첫 실패를 경험했다. 그 시절 나는 철부지였다. 부끄러울 따름이다. 우여곡절을 겪으며 30대 중반부터 기반을 잡았다. 사업이 궤도에 오르면서 세상 무서운 게 없던 순간도 있었다. 하지만 그때의 나 역시 철모르던 젊은 사장일 뿐이었다.

불혹을 지나면서 대수술만 네 번을 받아야 했다. 죽음을 앞두고 신변을 정리하는 마음으로 이 책을 쓰기로 결심했다. 그리고 책을 쓰며 나는 비로소 어른이 될 수 있었다.

유년 시절 나는 지방 미술대회에서 큰 상을 몇 번 수상한 것을 계기로 예술가를 꿈꾸었다. 그때만 해도 유복한 환경이었다. 하지만 부모님이 서울 친척집으로 나를 유학 보내면서 나는 살아가는 기술과 방법을 터득해야만 했다. 가만히 있어도 형제보다 용돈을 조금이라도 더 얻어내던 나는 어렸을 때부터 눈치 빠르고 예쁨 받을 줄 아는 아이였다.

붙임성 좋은 성격 덕에 나를 가업이라도 물려받은 금수저 출신이라고 생각하는 사람도 많지만 나는 그야말로 개천에서 난 용이다. 대학 입학 후 가세가 기울어 학비를 내 손으로 벌어야 했던 참담한 환경이 내 성공의 밑거름이 될 줄은 그때는 정말 몰랐다.

내가 원하는 것보다 남이 원하는 것이 무엇인지 잘 돌보고 살피는 재주를 발판 삼아 인기 강사에서 사업가가 될 수 있었다. 지역 파출소에서 근무하시다가 일찍 사업을 시작한 부모님은 아들이 교사가 되기를 원했지만 학교는 이미 나에게 좁은 세상이었다. 그렇게 사교육 시장에 뛰어든 지 30여 년, 우리가 일군 사업은 업계에서 손꼽는 위치에 오르게 되었고 나는 미대 출신으로는 드물게 교육학과 경영학까지 공부한 사업가로 자리매김했다.

그림만 그릴 줄 알던 학생에서 강사로, 다시 사업가로 변신하면서 나라고 왜 힘들지 않았을까. 나도 처음에는 사업의 기본인 손익도 모르고 시장의 변화도 읽지 못했던 그야말로 애송이 사장이었다. 그러나 궁

하면 통한다고 사업을 키우기 위해 어쩔 수 없이 독학으로 깨우친 직원 관리 노하우와 세금 공부, 부동산 공부, 경매 공부가 나를 예술가에서 CEO로 키워냈다.

입시공부하며 일반계 친구들과 어울리기 어려운 예체능계 수험생, 이 바닥이 유독 군기가 세서 선배한테 제 목소리 한 번 내지 못하는 미술학도, 아는 놈이 더하다고 학원에서 입시 아르바이트를 하다 강사비를 뜯겨서 서러운 새끼 강사, 혼자 하는 작품 활동에 익숙하다 보니 사회생활을 견디지 못하는 반 백수 작가, 덜컥 창업했다가 왜 망했는지도 모르고 쪽박 찬 사장 등, 나는 이 흔한 군상과 별반 다를 게 없는 평범한 사람이다. 어쩌면 내 안에 아직도 예술가의 기질이 잠재해 있을지도 모른다고 느낄 만큼 나는 하루에도 수십 번 넘게 이러한 사람들과 마주한다. 그리고 그들을 입시와 사업에 성공시키기 위해, 어엿한 학원 강사로 자리 잡게 만들기 위해, 실패를 딛고 재기하게 만들기 위해 노력하고 있다. 그들을 성공시키는 것이 나의 미래, 우리 사업의 미래라고 생각하기 때문이다.

이 책은 수줍음 많던 미술학도에서 업계 1위의 미술학원 브랜드를 일군 사업가가 될 수 있었던 나의 노력을 담았다. 나는 다양한 분야의 사업체를 운영하는 사장이자 많은 사장들이 자문을 구하는 사장들의 멘토로 살아왔다. 하지만 이 책은 내가 사업가로서 성장할 수 있었던 학원 사업을 중심으로 썼다.

처음에는 병세가 악화되어 자리를 비울지도 모른다는 생각에 내 사업 철학과 노하우를 매뉴얼로 정리하고자 했다. 하지만 지난 시간을 더듬어 생각을 정리할수록 경영을 모르던 미대생이 기업가가 될 수 있었던 과정을 예체능계나 학원 사업에만 적용하기에는 아깝다는 생각이 들었다.

요즘처럼 취업보다 창업이 대세인 때, 노는 사람은 많은데 일 시킬 사람은 없는 때, 흥하는 사업보다 망해나가는 사업이 많은 때 전하고 싶은 이야기가 많다. 나는 성공하기 전부터 사업은 사람이 전부이며, 사업의 흥망은 사람에게 달려 있다는 중요한 사실을 깨우쳤다. 그리고 이 인생과 사업을 꿰뚫는 진리를 이 책에서 전하고자 노력했다. 부디 나의 이야기가 독자 여러분에게 용기와 희망을 주었으면 한다.

이 책의 내용을 누구나 아는 이야기, 흔한 경영 성공 스토리로 보는 사람도 있을 것이다. 그렇게 읽혔다면 나는 성공한 사장이 맞나보다. 나도 수많은 경영서를 읽으면서 어쩜 이렇게 나와 같은 과정을 거친 사람들이 많은지 감탄도 하고 내 눈을 의심하기도 했다.

나는 예술가를 꿈꾸던 '섬세함'을 비즈니스에 접목했고, 공교육이 담을 수 없는 콘텐츠를 사교육 비즈니스로 성공시켰다. 또한 예술가를 꿈꾸던 인재들에게 더 많은 기회를 제공하여 그들이 재능과 배움을 썩

히지 않고 경제활동을 하게끔 육성하고자 노력했다. 지금도 우리 학원의 원생들이 원하는 학교에 진학하는 데 그치지 않고 더 넓은 세계로 도약할 수 있도록 대학 강단과 현장에서 돕고 있다.

이것이 사장으로서 나의 차별점이고 경쟁력이다. 내가 나의 성공과 재능을 '특별함'이라고 생각하지 않는 것처럼 이 책을 읽고 있는 여러분도 그렇게 생각해주었으면 한다.

나는 여러분이 남들보다 특별하지는 않아도 섬세했으면 좋겠다. 그렇다면 나 정도의 성취, 나 정도의 사장은 꿈꿀 수 있지 않겠는가.

2019년 12월

최규성

제2부
사장이라는 이름의 예술가로 산다는 것

1부

남들보다 섬세한 사람을
사장으로 만드는 질문

1장

돈은 벌고 싶은데
사업 체질은 아니라는
사람들에게

평범한 사람을 사장으로 만드는 5가지 질문

당신의 지위가 아니라 두구인지를 기억하라.

─브래드 앤더슨

일을 시작하지 않고서
불가능하다고 말한 적이 몇 번인가?
자신을 부적격자라고 생각한 적이 몇 번인가?
모든 것은 우리가 선택한 사고방식에,
그리고 그 방식을 고수하는 정도에 달려 있다.

─피에로 페루치

"저는 아무래도 안 되겠어요. 사람들도 제 마음 같지 않고 그냥 혼자 제 작업이나 하고 사는 게 낫지 않을까요? 어떻게 뭐부터 시작해야 할지 모르겠어요."

"처음부터 원장 잘하고 사장 잘하는 사람이 어디 있다고 그래. 그림이랑 사업이 뭐가 달라. 우리가 작품을 완성할 때 밑그림부터 그리듯이 구상하고 붓터치 하나에 심혈을 기울이는 것처럼 비즈니스도 정교하게 디테일 하나까지 챙기는 거야."

대학을 졸업하기 전부터 사업 준비를 시작했으니 사업가로 산 지 올해로 28년이 되었다. 반평생을 살면서 남의 밑에 있던 시간보다 내가 리더가 되어 지낸 시간이 압도적이다 보니 나를 만나는 사람들이 묻는 질문은 흔히 두 가지로 나뉜다.

"어떻게 하면 돈을 벌 수 있을까요?"
"사장은 정말 아무나 하는 게 아닌가봅니다."

사업을 시작했다면 무언가 잘 풀리지 않는 것이고 시작하지 않았다면 검증받고 싶은 마음이 컸으리라.

사람들이 처한 환경마다 나눌 수 있는 이야기는 다르다. 하지만 미대 출신으로 경영 전선에 나서 남의 성공을 도왔던 경험은 도움이 필요한 사람들에게 조언할 수 있는 좋은 토양이 되었다.

학원 사업을 시작으로 지금까지 자문하거나 손댄 사업체가 벌써 수십 개지만 유독 내 사람으로 만들기 어렵고 사업가로 성공시키기 어려웠던 사람들이 있다. 사춘기 때부터 입시미술을 준비하며 예술가가 되기 위해 평생을 보낸 이들이 그랬다. 학원에서 선생님을 만들고, 리더를 만들고, 또 사장을 만드는 것은 자기 생각 많고 까칠하기 그지없는, 말 안 통하는 예술가들에게 경영교육을 시키는 과정과 다름없었다.

세월이 지나 이런 과정을 수백 번, 수천 번 되풀이하며 학교와 사업체를 오가다 보니 은퇴 후 뒤늦게 사업을 준비하는 대기업 출신 임원들이나 현재 내가 강단에서 만나는 90년대 생 모두에게 예술교육을 바탕으로 한 경영 수업은 인생을 사는 지혜를 배우는 것과 다름없을지도 모른다는 생각이 스친다.

결론부터 이야기하자면, 나는 처음부터 사장으로 태어나는 사람은 없다고 본다. 사장으로 살았던 세월이 그렇지 않은 세월보다 길다 보니 나는 '사장이 천직' 같다는 이야기를 심심찮게 듣지만 나의 수많은 실패와 노력, 인고의 시간을 모르고 하는 이야기다. 나 역시도 나와 함께하는 원장들과 똑같이 10대부터 미술교육을 받아왔고, 활달하긴 했지만 유난히 세심한 성격의 소유자였다.

"누구나 사장이 될 수 있을까?"

이 질문에 명쾌하게 "그렇다"고 대답하기도 힘들다. 단순히 돈을 많이 벌고 싶어서, 남의 밑에서 더러운 꼴 보기 싫어서 사업을 시작하기에는 그 책임과 역할이 막대하기 때문이다. 사장이라는 자리는 되고 싶다고 되는 것도 아니고 하고 싶지 않다고 피할 수 있는 것도 아니다.

이 책의 서두에서 나는 독자 여러분이 자신의 목표와 역할을 분명히 하기 위한 질문을 하나씩 던질 것이다. 이 질문들은 사장을 꿈꾸며 나를 찾아온 사람들에게도 똑같이 묻고 함께 풀고 있는 것들이다.

당장 무엇을 시작해도 따르겠다는 사람 다섯 명이 있는가?

사업을 한 단어로 정의하라면 나는 '사람'이라고 주저 없이 말한다. 혼자 잘난 맛에 하는 것이 사업이라고 생각하는 사람들은 대부분 이 첫 질문에서 좌절한다. 처음에는 여력이 없어서 혼자 시작하더라도 결코 혼자가 아니다. 시작이 나 하나였을 뿐, 작게는 거래처부터 고객까지 내 사업 하나에 인생이 걸린 사람들이 타래처럼 얽혀 있음을 잊지 말아야 한다.

처음부터 직원 다섯 명을 두고 시작하라는 의미가 아니다. 큰 기업이든 작은 사업체이든 일이 돌아가게 만들려면 최소 4~5명 단위의 조직으로 함께 일해야 한다. 만약 그렇게 일해본 경험이 있다면, 의사소통을 얼마나 원활하게 맞추며 그들을 이끌어봤는지 묻고 싶다. 주변 사람들은 나를 편하게 생각하고 잘 따르는가? 나는 대인관계가 원만하다고 평가받는가? 문제를 마찰 없이 원만하게 풀어나갈 수 있는가? 고집불통이라고 사람들이 나를 불편해하지 않는가? 이러한 주제를 '리더십'이라고 묶어서 이야기할 수도 있겠지만, 나는 '함께 잘 일할 수 있는 능력'이라고 풀어서 묻고 싶다.

한눈팔지 않고
내 전부를 걸 수 있는가?

신기하게도 사업장은 사장을 닮는다. 사장이 아침부터 저녁까지 사업에 집중하고 하나하나 챙기면 굳이 말하지 않아도 직원들까지 부지런해진다. 말로만 떠들고 일하지 않는 사장 밑에 있는 직원들은 아무리 좋은 조건을 내걸어도 딱 사장만큼만 일한다. 일에 집중하고 모든 에너지를 담아서 각자의 역할에 충실해야 할 이유를 직원들 스스로 찾기 힘들기 때문이다. 일반적으로 일이 잘 안 되거나 사업이 어느 정도 자리를 잡아 갈 때 이런 현상이 일어난다.

혹시 귀가 얇다는 말을 많이 듣는가? 그렇다면 사업을 하면서도 다른 일에 귀를 기울이거나 자주 다른 사업에 관심을 갖게 될 수도 있다. 이러한 상황이 반복되면 현재 하고 있는 일이 잘되고 있다 해도 크게 성공할 수 없으며, 만에 하나 성공하더라도 지속될 수 없다. 심한 경우 갑자기 사업체를 정리하는 상황까지 발생한다. 결국 직원들의 신뢰마저 잃게 되는 상황을 초래하게 된다.

만약 다른 곳으로 눈을 돌리는 계기가 사업의 다각화를 위한 것이라면 동업자나 직원들에게도 그 명분을 분명하게 정리하여 소통함으로써 그들과의 신뢰를 무너트리는 일이 없도록 해야 한다. 많은 사장들이 오해하고 있는 것이 있는데, 직원은 단지 급여를 받기 위해 있는 사람들이 아니다. 그들 또한 지금 직장에서 자신의 미래를 준비하고 있는 사람이다. 직장인을 대상으로 한 수많은 설문조사의 결과를 보면 현재 직장이 아무리 좋다고 해도 더 있어야 하는 이유, 즉 '비전'이 없다면 직원은 언제든지 그곳을 떠날 수 있다고 말한다.

내 사업 분야에 달인만큼의
전문성을 갖출 자신이 있는가?

아이템 하나로 시작할 수 있는 사업은 없다. 수중에 어느 정도의 돈이 있다고 덜컥 벌릴 수 있는 사업도 없다. 누구나 인정하는 나만의 장점, 누구도 쉽게 따라할 수 없는 나만의 스토리가 있는가? 사업을 하기 위해 그 분야의 박사학위를 딸 필요는 없지만 그만큼의 전문성은 갖고 있어야 한다. 정확하게 알지 못하면 실패할 확률은 그만큼 높아진다.

내가 하고 있는 자리에서만큼은 대한민국 1등이라고 말할 수 있도록 꼭 전문가가 되겠다는 마음으로 일해야 한다. 모든 직종의 모든 직장인들에게도 해당되는 말이다. 각자의 역할에서 달인이라고 소개되는 사람들은 얼마나 많은 노력을 통해 그 자리에 이를 수 있었을까? 나는 이런 사연을 접할 때마다 나는 내 분야에서 달인만큼의 노력을 했는지 스스로에게 물어본다. 피땀 흘리는 노력 없이 대한민국 최고라는 생각을 갖는다면 과연 내 자신과 직원들에게 떳떳할 수 있을까? 직종마다 차이가 있을 수는 있겠지만, 이러한 마음가짐이 소비자들에게 전달되었을 때 각자의 사업 역시 성공 반열에 들 수 있을 것이다.

투자자 관점에서 나는
투자할 만한 가치가 있는 사람인가?

"내가 사업하겠다고 선언하면 투자하겠다는 사람이 있을까?"
"나의 사업 승산은 얼마나 될까?"

이는 평소 직원들에게 가장 많이 하는 질문이기도 하다. 사업을 한다고 했을 때 주위 동료들이나 친구들이 얼마나 호응하고 참여 의사를 밝히는지 확인해보라. 이 결과가 사장으로서 자신이 투자 가치가 있는 사람인지 어렴풋이 보여줄 것이다.

많은 사람들이 관심을 보이고 투자 의사를 밝힌다면 그만큼 사업의 성공 확률도 높아질 것이다. 반대로 주위의 반응이 좋지 않다면 무엇이 문제이고 무엇이 부족한지 확인할 수 있는 계기로 만들기 바란다.

투자자는 사장의 인간관계, 성실성, 전문성, 콘텐츠에 대한 사업성 등 여러 요소를 복합적으로 검토하고 판단한다. 만약 투자자의 반응이 부정적이었다면 그것이 내가 사장이기에 문제인 것인지, 사업의 콘텐츠가 문제인 것인지 객관적으로 판단할 수 있어야 한다.

특히 회사를 운영하다 보면 변칙과 편법의 유혹에서 자유로울 수 없는데, 사장은 모든 사안에 대해 '윤리경영'까지는 아니더라도 회사 운영에 관한 합법적이고 합리적인 원칙을 가지고 있어야 한다.

동업관계나 투자자를 이사진으로 둔 사업 구성이라면 회사의 재무 상태 및 결과를 투명하고 정직하게 공개해야 한다. 내 경우 소액투자자에게 신뢰를 잃지 않기 위해 그들에게 회사의 감사를 요청하거나 자금을 직접 관리할 수 있도록 배려했다. 이러한 노력 덕분에 지금까지 금전 문제로 인한 불미스러운 일이 없을 수 있었다.

동업관계에서도 금전 문제는 거의 모든 분쟁의 원인이 되기 때문에 항상 유념하기 바란다.

사업가로서 사회적인 영향력에 관한 책임의식을 갖추었는가?

사업이 어느 정도 자리를 잡고 규모가 커졌을 때 답할 수 있는 질문이긴 하지만 먼저 알고 넘어가는 것도 좋다. 사업은 수많은 직원들과 함께 항공모함에 올라탄 상황과 같다. 그리고 사업의 규모에 따라 차이는 있겠지만 사업의 성패는 사장이 70~80%다.

혼자 할 수 있는 사업은 없다. 30년 가까이 사장으로 살아오면서 겪은 수많은 일들 중에서도 가장 뼈저리게 힘들고 가슴 아팠던 일이 무엇이냐고 묻는다면 나는 관계에 따른 문제라고 답할 것이다.

사장이 평소 어떤 생각을 갖고 행동하며 살아가는가에 따라 직원의 인생이 달라진다. 나 혼자 잘 먹고 잘 살기 위해 사업을 한다면 오래 가지 못할 것이다. 언제든 사업을 접을 수 있다는 마음으로 일한다면 나를 믿어주는 사람도, 내 사업을 돕겠다는 사람도 사라질 것이다.

직원이 10명이라면 사장은 직원의 가족까지 최소 30명의 식구를 먹여 살린다고 생각하고 살아야 한다. 내 경우 씨앤씨를 개원하고 월급을 주는 직원만 200명이 넘을 때가 있었다. 그런데 갑작스러운 건강 문제로 여러 차례 수술을 받으면서 많은 일을 정리해야 할지도 모르는 상황이 닥쳤다. 만약 잘못된 결정을 내린다면 직원의 딸린 식구까지 최소 600명의 사람들이 어려움을 겪게 될지도 모른다는 생각에 더욱 마음이 무거웠다.

나는 '직원은 가족'이라는 마음으로 중대한 선택을 내렸다. 사장에게는 자신의 사업 이익뿐만 아니라 직원들과 그 가족, 나아가 소비자들에 대한 사회적 책임까지 따른다는 것을 잊어서는 안 된다.

또한 사장의 도덕적 신뢰도에 따라 사업과 직간접적으로 연결되어 있는 사람과 조직 모두에서 문제가 발생한다. 따라서 언제 어디서든 도덕적 신뢰성을 평가받는 입장이라면 누가 먼저 압박하지 않아도 책임 의식을 갖고 살아가야 한다.

사장의 역할이 개인에서 공인으로 확장되는 시점이 있다. 나는 그 기준을 사업 규모로 판단한다. 연 매출 100억 원, 직원 100명이 넘어서게 되면 이제 사장은 공인이다. 외부에 노출이 적다고 해도 지켜보는 눈은 많아진다.

사장에게 쏟아지는 보이지 않는 눈의 감시와 말 한마디 한마디에 대한 평가의 무게를 공인으로서 감내해야 한다. 회사는 이러한 평가에 생각보다 큰 영향을 받기 때문이다. 도덕적으로 지탄받는 행동을 저질러 언론에 노출된 안일한 사장 때문에 타격을 받는 회사들을 보면 그저 안타까운 생각뿐이다.

대외 이미지만 관리한다고 공인의 역할을 다한 것은 아니다. 사장의 이미지, 즉 신뢰는 안에서부터 얻어야 한다. 사업 시작 단계에서는 함께하는 직원들의 믿음이 먼저고, 사업이 확장되는 단계에서는 브랜드 이미지 관리 차원으로의 접근이 필요하다.

고객이 소비하는 것은 물건, 서비스가 아니라 브랜드의 이미지다. 학원 사업의 최대 고객인 학부모와 학생들만 그런 것이 아니리라 생각한다. 직원들의 사소한 행동 하나로 인해 회사의 품위가 손상될 수 있다는 사실을 기억해야 한다.

나는 돈만 벌면 된다는 생각을 가진 사장들을 볼 때마다 분노를 참을 수 없다. 그들이 어떻게 사업을 하는 사장인가? 특히 최근에는 타인의 생명이나 건강은 안중에도 없고 그저 돈벌이로 먹거리를 판매하다 적발된 사장들을 뉴스에서 자주 접하게 된다. 부도덕한 짓을 서슴없이 지시하는 사장들은 직원들에게 살인을 교사한 것이나 다름없다. 성공만 하면 된다는 마인드는 절대로 용납될 수 없다.

나는 '사장의 자격'으로 정직을 꼭 강조한다. 소비자들은 회사와 사장이 어떠한 마음가짐과 사업적 철학을 가지고 있는지 지켜보고 브랜드를 선택한다는 사실을 한시도 잊어서는 안 된다. 사업 시작 단계부터 이 점을 겸허하게 받아들이고 책임 있게 행동하며 사업을 이끌어야 한다.

지금까지 사장의 자격을 묻는 기본 질문을 살펴봤다. 질문에 담긴 내용들은 소규모 가게를 운영하는 것부터 큰 사업체를 이끄는 것까지 가장 기본이 되는 것들이다. 이 다섯 가지 질문으로 사장의 자질과 사업 성패의 모든 것을 검증할 수는 없겠지만 질문에 답하는 동안 자신을 돌아볼 기회를 가질 수 있었을 것이라 생각한다.

사업의 큰 축은 '사람'이다. 지금까지 사업을 운영하면서 끊임없이 확인하고 정립해온 내 철학이다. 만약 다섯 개의 질문을 통해 이러한 철학에 동의하게 되었다면 당신의 대답 안에는 분명 당신의 사업에 적용할 수 있는 더 많은 것들이 담겨 있을 것이다.

만약 다섯 개의 질문에 대한 답변 중 자신이 가장 약하다고 생각되는 부분이 있다면 그것을 보완할 수 있는 사람을 영입하여 문제를 해결해야 한다. 그렇다면 어떻게 해야 이러한 인재들을 확보할 수 있을까? 이 부분은 다음 장에서 더 자세히 안내할 것이다.

다시 한 번 말하지만 사업에는 혼자서 할 수 있는 것들이 거의 없다.

TIP

당신을 사장으로 단련시키는 질문들

① 당장 무엇을 시작해도 나를 따르겠다는 사람 다섯 명이 있는가?

② 한눈팔지 않고 내 전부를 걸 수 있는가?

③ 내 사업 분야에 달인만큼의 전문성을 갖출 자신이 있는가?

④ 투자자 관점에서 나는 투자할 만한 가치가 있는 사람인가?

⑤ 사업가로서 사회적인 영향력에 관한 책임의식을 갖추었는가?

스펙이
성공을 보장하지 않는다

나는 이 일에서 중요한 두 가지 원리를 깨달았다.
태도가 능력보다 중요하다는 것과
그 선택이 내가 가진 능력보다
훨씬 중요하다는 것을.
─마윈

모든 어린이는 예술가다.
문제는 어른이 되어서도
어떻게 예술가로 남아 있느냐는 것이다.

─파블로 피카소

"최 대표, 지난 달 갑자기 대기 발령이 났어. 이제 나도 사업 준비를 해야 할까 봐. 좀 도와줄 수 있겠나?"

"물론이지. 그런데 매일 지시하고 보고받다가 힘들지 않을지 모르겠네. 작은 프랜차이즈든 동업이든 생각보다 사장이 챙기고 결정해야 할 일이 많아. 리스크를 막는 일에서 리스크를 뛰어넘는 차원으로 넘어가야 해."

돌이켜보면 내 첫 사업의 시작은 무모했다. 학생 시절 학원가에서 잘나가는 스타 강사였던 나는 요즘 말로 '일타 강사' 타이틀 하나 달고 사업에 뛰어들었다. 일류대 스펙이나 집안의 지원도 없었다. 사업 초기에는 미대 출신으로 경영학 학위를 받은 드문 이력이 여러모로 도움이 되었지만, 그것도 나중의 일이다.

　　두 번의 실패를 경험하고 다시 일어설 때도 스펙은 아무런 장애물이 되지 못했다. 내 이력과 노력 또한 부끄러울 게 하나도 없었다.

　　사업가가 되고 원래 전공 이외의 공부를 계속하고 강단에도 서다 보니 내 주위에는 일류대 출신의 알 만한 대기업 중역, 명망가의 자제들도 많다. 재미있는 것은 배경이 좋고 초기 자본금이 풍족해도 쉽게 성공할 수 없는 게 사업이라는 점이다. 어쩌면 회사에서 오래 머문 이력이 가장 큰 장애물이지 않나 싶을 만큼 직장에 오래 몸담았던 사람일수록 창업에 성공한 사례를 찾아보기 어려웠다.

은퇴를 앞둔 지인 10여 명과 함께 사업을 위한 모임을 여러 번 갖은 적이 있다. 대기업에서 오랫동안 몸담았던 지인들을 통해 느꼈던 것은 분명 머리들이 비상하고 책임감이 강하며 개인 역량 역시 월등히 뛰어나다는 사실이다. 어떠한 임무를 맡겨도 손색없이 수행할 수 있다는 것도 인정하지 않을 수 없었다.

하지만 그들에게는 딱 한 가지 약점이 있었다. 바로 큰 그림을 그리는 능력이다. 사장에게 요구되는 가장 핵심적인 자질, 즉 전체를 파악하는 능력을 나는 그들에게서 찾을 수 없었다.

프로젝트를 진행하면서 그들이 제일 많이 했던 말은 "왜?", "어떻게?"였다. 사업은 의구심만으로는 문제를 해결할 수 없다. 사업에서는 모든 순간이 결정적이다. 그렇기에 사업을 성공으로 이끌기 위해서는 빠른 판단력과 당찬 배포와 같은 '자신감'과 '직감'이 중요하다. 하지만 이들은 디테일한 리스크에 연연했다. 큰 그림을 보려 하지 않았던 것이다. 아마 오랫동안 직장생활을 하면서 몸에 밴 습관 때문이리라.

보고서 같은 서류부터 작성하고 검토하고 분석하는 직장인적 습관이 문제다. 회사에서는 재무팀 직원이 회계적으로 사고하는 것이 문제가 되지 않는다. 자신이 당면한 문제를 해결하기 위해 자신의 전문 분야 지식만 활용해도 충분하다. 하지만 사업은 아니다. 회사에서 하던 대로 리스크부터 생각하고 부정적으로 문제에 접근해서는 사업의 결정적 순간을 대비할 수 없다. 문제를 창의적인 관점에서 창조적으로 해결하는 첫걸음은 큰 그림을 파악하는 것이고, 이를 위해서는 자신감을 갖고 직감을 따라야 한다.

사업은 회사원처럼 해낼 수 있는 것이 아니다. 사장은 사업 전체를 포괄적으로 파악하고 아울러 생각해야 한다. 그것이 앞서 말한 큰 그림을 그리고 파악하는 능력이다. 만약 회사에서 그랬던 것처럼 일한다면 결정적인 순간에 적확한 판단을 하기 어렵게 되고, 그러한 순간이 반복될 때마다 자신감을 상실할 것이다. 결국 어렵게 시작한 사업이 퇴직금을 갉아먹는 우환이 되는 것도 시간문제다.

참고로 중소기업에서 회사의 한계로 여러 업무를 두루 섭렵했던 사람은 대기업에 다니던 사람보다 다양한 관점에서 사업의 문제를 바라볼 수 있기 때문에 오히려 사업할 때 조금은 유리하다고 본다. 확실히 스펙보다는 멀티플레이가 중요하다.

자신의 강점과 약점을 파악하여 적절히 운용하는 능력을 키우자

오랜 직장생활 끝에 창업을 결심했지만 깊이 밴 회사원 습관 때문에 사장의 역할을 처음부터 수행하기 힘들 것 같다면 동업을 해보라고 조언하고 싶다. 동업을 통해 서로의 강점을 살리는 조직을 세팅해두면 경쟁력을 살릴 수 있다. 내가 아무리 뛰어나고 똑똑해도 각자의 역할에서 최대의 역량을 발휘해 시너지를 낼 수 있는 조직의 효율을 이기기는 힘들다. 한정적인 자신의 강점을 살릴 수도 있다.

그렇다고 동업만이 정답이라는 말은 아니다. 동업에는 분명 리스크가 있다. 단점 또한 시너지가 될 수 있도록 각자의 영역이 제대로 정해진다면 긍정적으로 볼 수도 있는 것이다. 모든 조직은 사람과 사람이 어떻게 만나서 어떻게 구성원들을 갖추는지에 따라 엄청난 기업으로 성장할 수 있기 때문이다.

모든 사업은 협업을 할 수 있는 '구성'이 필요하다. 동업관계를 생각하고 있다면 같은 영역의 역량이 강한 사람끼리 만나는 조합은 가능한 한 피해야 한다. 서로가 다른 영역에서 강한 사람끼리 만날수록 동업의 시너지 효과가 잘 나올 수 있다. 가장 이상적인 조합은 관리 영역과 기술 영역이 나뉘는 것이고, 상황에 따라 자본 영역까지 조화롭게 이루어진다면 최상의 동업이 될 수 있다. 관리자를 같은 영역에 두 사람을 세워 2배의 효과를 기대했지만 오히려 혼자 있었던 상황보다도 못한 결과를 얻게 되면서 얻은 교훈이다.

사업의 특성을 이해 못 하고 스타트업에 뛰어들려는 청년 창업가 지망생들도 많이 만난다. 이들 중에는 서로 말이 잘 통하고 서로에게 의지할 수 있고 서로를 잘 안다는 명분만으로 동업을 시작하는 경우가 있다. 이들에게는 머지않아 고충을 겪을 수 있다는 사실을 알려주고 싶다. 내가 잘 못하는 영역이 무엇인지 빨리 파악하고 부족한 부분을 최우선순위로 보완할 수 있도록 조직을 구성할 때 사업의 성공 확률이 올라갈 수 있을 것이다.

내가 하고자 하는 사업은 오프라인에 강한 사업인가, 온라인에 강한 사업인가? 사람 관리부터 마케팅, 기술 영역까지 우리 사업의 핵심 부문 중 내가 가장 취약한 것은 무엇인가? 현재 자신의 강점과 약점을 정확히 파악해야 한다. 그러고 나면 부족한 부분을 동업관계로 보완할 것인지 직원으로 보완할 것인지 최소한의 대비를 할 수 있을 것이다. 완벽한 조화를 만들어 성공적으로 이끌어가길 바란다.

TIP //

사장이 되는 단계에서 짚어봐야 하는 것들

① 회사에 오래 몸담았던 사람일수록 사업 체질로 바뀌기 어렵다.

② 내 사업에서 가장 잘할 수 있는 것은 무엇이고 가장 부족한 역량은 무엇인가?

③ 역량을 보완할 수 있는 파트너가 있다면 꼭 오너가 될 필요는 없다.

④ 동업 시 나의 강점과 역량이 겹치는 파트너는 피하자.

⑤ 부족한 부분은 동업으로 보완할 것인가, 인재로 보완할 것인가?

백만 번 프러포즈해야
비로소 미션이 이루어진다

매일 아침 삶의 목표를 생각하며 일어나라.

—아이제이아 토마스

섬세한 수정 같은 것은
보잘것없는 문제일지 모르겠지만,
그런 것들이 쌓여서 아름다움이 완성된다네.
요컨대 미의 완성이란 아무리 사소한 문제라도
중요한 의미를 갖는 것이지.

—미켈란젤로

"제가 맡고 있는 사업장의 매출이 눈에 띄게 줄어서 죄송합니다. 직원들이 어쩜 이렇게 제 맘 같지 않은지 하루에도 열두 번 직함을 내려놓고 싶습니다."

"관리자는 답답하겠지만 직원들은 왜 일해야 하는지 이해하고 있지 못할 수 있어요. 현재 우리 목표는 제대로 알고 있을까요? 힘들겠지만 공유가 될 때까지 이야기하고, 또 강조하세요. 이 과정이 사업의 절반이라고 해도 과언이 아닙니다."

내가 하고자 하는 사업의 미션이 무엇인가? 현재 사업을 하고 있다면 모든 직원들과 같은 미션을 공유하고 고민하고 있는지, 만약 사업을 준비하고 있다면 미션을 공유할 준비가 되어 있는지 묻고 싶다.

다시 한 번 말하지만 직종과 규모를 불문하고 사업은 사장 혼자 열심히 노력한다고 되는 것이 아니다. 전 직원과 함께 미션, 비전을 일치시켜야 사업에 집중할 수 있다. 직원들은 일해야 하는 이유와 사업의 목적을 명확하게 인지할 때 그에 맞는 액션을 실행할 수 있기 때문이다.

사장은 미션에 맞는 전략과 전술을 다시 선포하고 지시할 수 있다. 미션이 없거나 공유되지 않았다는 것은 직원들이 무엇을 어떻게 언제까지 해야 하는지도 모르고 일하는 것과 같다. 목표와 목적도 없는 상태에서 하는 일은 능률이 떨어지고 시간만 때우는 것이 되기 마련이다.

아무것도 하지 않았는데 내 마음 같이 움직이는 직원은 없다. 사장 혼자 고민하고 목표를 안고 가다 보면 사장과 직원 사이에는 불만과 불신이 쌓여 생산성이 낮아지고 사업의 실패 확률만 높아질 뿐이다.

"우리의 미션은 무엇이고 우리의 꿈은 무엇인가?"

언제 어디서 물어도 직원이 이 질문에 같은 대답을 할 수 있을 때 회사는 변화한다. 모든 회사에 사훈이 있는 것처럼 회사의 목적과 목표 또한 시간 단위, 구성 단위별로 정확히 하고 전파해야 한다. 작은 김밥집을 운영한다고 해도 마찬가지다. 훌륭한 사장은 회사의 미션과 비전을 직원들과 공유할 수 있도록 만드는 능력을 갖춰야 한다.

직원들에게 같은 말을 수백 번 이상 하지 않으면 한 번도 하지 않는 것과 같다는 말이 있다. 사장은 회사의 미션을 구체화하여 수시로 교육하고 확인해야 한다.

이 일을 왜 해야 하는지도 모르고 일을 시키는 리더보다 목적을 분명하게 제시해주고 각자의 업무가 회사에 미치는 영향을 설명해주는 리더가 팀을 잘 이끌 수 있는 것처럼 사장이 미션을 중요하게 생각하고 일체화시키려는 노력을 할수록 회사는 목표에 더 빨리, 더 효율적으로 다다를 수 있다.

지금까지 직원들에게 미션과 비전을 공유할 때 꼭 빼놓지 않고 교육하는 내용에는 '주인의식'이 포함되어 있다. 어떤 일을 하던 '사장의 마음가짐'으로 임하라는 것이다. 다시 말하면 언제든 사장이 되기 위한 준비를 갖추라는 것이다.

당장 내일부터 사장이 되라고 하면 어떻게 일할 것인가? 개인적이고 자유분방한 성격의 직원들은 거부감을 보일 수도 있고 사장이 고리타분하다고 느낄 수도 있다. 그러나 나는 직원을 뽑을 때부터 사장을 키운다는 마음가짐으로 사람을 본다. 신입이라도 끊임없이 업무를 확인하고 내 생각을 전달하며 이 사람이 훗날 사장이 될 수 있는지 판단하는 것이다. 그리고 내 경험에 의하면 빠르게 성장하는 직원은 신입 때부터 두각을 나타낸다.

내일 당장 사장이 될 수도 있다는 말은 헛된 꿈을 가지라는 의미가 아니다. 그만큼 긴장하고 하나라도 더 습득해서 성장하라는 것이다. 아르바이트생부터 말단 직원까지 사장 마인드로 업무에 임하라는 말이 자칫 이상적으로 들릴지 모르지만, 이러한 직원들이 많을수록 그 사업은 쉽고 빠르게 성공한다.

섬세한 사장이 미션을 전파하는 법

미션은 회사가 나아가고자 하는 핵심 가치를 의미한다. 나는 사장의 가장 중요한 임무 중 하나가 회사의 미션을 전달하는 것이라고 믿고 실천한다. 10여 년 전 건강이 악화되었을 때도 병실에서 빠져나와 내 몫의 직원교육만큼은 직접 진행했을 정도로 나는 이것만큼은 놓치고 싶지 않다.

특히 경영에 익숙하지 않은 원장들을 대상으로 미션을 공유할 때 는 각별히 주의를 기울인다. 예술가 성향이 강한 직원들은 대화 방식도 일반인과 다르다. 살면서 자기 작품에만 몰두하도록 교육받았기 때문 에 자기만의 세계도 확고하다.

감성적인 영역을 관장하는 우뇌가 발달해 있는 예술가들이 경영자 로 바뀔 수 없는 것은 아니다. 다만 시간이 필요할 뿐이다. 올바른 방식 으로 지속적으로 커뮤니케이션한다면 이들도 극적인 변화를 보이며 주 변을 놀라게 만들기도 한다. 예술과 경영의 조화, 우뇌와 좌뇌의 밸런 스를 갖춘 창조적인 인재가 탄생하는 순간이다.

이렇게 조금 특별한 사람들에게도 비전 공유를 진행하다 보니 나 름의 노하우도 생겼다. 일정 수준의 합의를 이룰 때까지 미션을 수시로 공유하는 것이다. 미션을 공유하기 위한 매뉴얼도 마련했다.

미션은 회사가 처한 상황에 따라 변화할 수 있다. 그래서 그때그때 적극적이고 의욕적으로 교육해야 한다. 식당이라면 우리 식당은 다른 식당과 메뉴, 맛, 감성, 가성비 면에서 어떻게 차별화하고 있는지, 학원 이라면 교육 철학, 교육 방법, 교육 환경, 학생 관리, 학생들이 꿈꾸고 있는 이상을 현실로 만들어낸 합격 결과 등에서 무엇이 타 학원과 다른

지 항상 인지시키고 함께 고민해야 한다.

비선은 동종 업계의 다른 회사는 줄 수 없는 것이어야 한다. 비전 공유를 통해 회사에서의 하루하루가 행복해질 수 있다는 확신을 직원들에게 심어줘야 한다. 비전을 이루면 보상을 받을 수 있다는 믿음 또한 함께 심어줘야 한다. 여기서 보상은 환경, 관계, 급여 조건을 넘어선 것이어야 한다. 시간이 지날수록 더 큰 것을 얻을 수 있다는 희망과 보람을 직원들이 느낄 수 있도록 보상을 설계해야 한다.

나는 회사에서 추구하는 미션과 비전에 대한 내 생각을 수시로 전달한다. 반복적으로 전달한다고 해서 사장이 한꺼번에 전 직원을 상대로 교육할 필요는 없다. 신입 직원부터 중간관리자, 임원까지 직급별로 다른 교육이 필요하다.

내 경우 같은 사례를 공유할 때도 연차별로 교육하는 내용을 달리한다. 이해도를 높여 개인의 역량에 따라 맡은 업무를 충실히 할 수 있도록 하는 것이 1차 목표다. 최종 목표는 교육을 받은 직원들이 꾸준하게 성장하여 다른 직원들을 교육할 수 있게 만드는 것이다. 긍정적인 마인드를 갖춘 미래 사장을 양성하는 것. 그것이 나의 궁극적인 목표다.

사업의 목표, 미션은 어떻게 만들고 공유하는가

① 어떻게 경쟁상대와 차별화할 것인가에 주안점을 두고 정한다.

② 작은 장사라도 미션이 있어야 성공 확률이 높아진다.

③ 예술가형 인재까지 미션으로 변화할 수 있도록 지속적으로 노력해야 한다.

④ 직급별, 연차별로 사장의 목소리가 직간접적으로 닿을 수 있도록 구분하자.

⑤ 미션은 전 직원이 한 목소리를 낼 수 있을 때까지 계속 교육해야 한다.

2장

사업 소질이 있는 사람

vs

사장 자격이 있는 사람

사장은 좋은 결정을 내리기 위해 공부한다

내일 아침 신문 1면에 나올만한 일에 전념하라.

−워렌 버핏

배움이란 순간에서 순간으로 이동하는 것이다.

−지두 크리슈나무르티

"언제까지 이렇게 남의 밑에서 눈치 보고 살아야 할까요?"

"사업한다고 눈치 보는 일에서 완전히 자유로워지는 건 아니죠. 하루에도 수백 번씩 크고 작은 사장의 결정에 회사의 명운이 왔다 갔다 하는데 어떻게 그 결정에 책임질 수 있을까, 그것부터 생각해봐요."

그동안 내 사업만 챙긴 게 아니라 남의 사업도 많이 돕다 보니 나를 보면 사업 고민부터 털어놓는 분들이 많다. 사업을 하고 싶다며 찾아온 사람들이 나에게 털어놓는 이야기는 대략 이렇다.

- 꼭 한번 내 장사 내 사업 하면서 위에 눈치 안 보고 살고 싶다.
- 장사를 하고 싶은데 막연한 두려움이 앞서 무엇을 어떻게 해야 할지부터 고민이다.
- 나도 과연 사업을 할 수 있을까?
- 사업을 하고 있지만 이유 없이 답답하고 남에게 털어놓기 어려운 고민이 많다.
- 사업을 하는데 직원들 때문에 힘들어서 회의감만 든다.
- 사장은 무슨 생각을 하고 매일 무엇을 준비해야 할까?
- 내가 과연 사업을 제대로 할 수 있을까? 사장 자격이 있는가?

사업하는 데 필요한 재무, 회계, 마케팅, 콘텐츠 개발, 세무, 노동

법 등 전문 지식을 묻는 사람들은 의외로 많지 않다. 만약 있다고 해도 전문가를 연결해주면 간단히 해결될 일이다. 작은 장사부터 시작해 지금은 큰 사업체를 이끌고 있는 사장조차 매일 회사를 경영하고 관리하면서 생길 수 있는 문제와 평소에 무슨 생각과 준비를 하면서 사장의 길을 가야 하는지에 관한 고민에 부딪힐 때마다 머리를 감싸 쥔다.

사람마다 놓인 상황은 다르지만, 나는 그때마다 최선을 다해 30년 가까이 현장에서 겪었던 일들을 기반으로 회사를 성장시켜왔던 방법을 전달했다. 지금은 경영자로 살아온 세월이 더 길지만 미대 출신으로 사업을 성공 궤도에 올려놓은 나의 경험이 어려움에 처한 사람들에게 생각보다 많은 공감을 얻는 것 같다. 사심 없이 고민을 듣고 해준 조언의 결과로 뜻밖의 돌파구를 찾을 수 있었다며 고마움의 인사를 전하는 사람들이 많은 것을 보면 사장으로서의 애환을 털어놓을 수 있는 곳이 그만큼 없다는 것은 아닌지, 마음이 흡족하지만은 않다.

사업의 규모나 업의 형태가 달라도 핵심을 꿰뚫는 노하우를 데이터로 증명하고 엑셀로 정리하여 매뉴얼화할 수 있다면 얼마나 좋을까? 불가능한 일이겠지만 나는 이 책이 예비 사장이나 이미 사장 역할을 하고 있는 사람들에게 자신이 처한 상황에서 어떤 준비를 해야 하고 어떤 결정을 내려야 할지 현명한 결정과 방향을 잡는 데 디딤돌 역할을 해주었으면 한다.

꿈을 꾸는 데도
자양분이 필요하다

"여전히 그렇게 하고 싶은 게 많으세요?"

　많은 것을 이루었지만 나는 여전히 매일 아침 내가 성취해야 할 미래를 생각하면 가슴이 뛴다. 이렇게 매일 가슴 뛰는 사장의 마음을 두고 신기해하는 직원들도 많고 천성적으로 타고난 사장 기질이 아니냐고 확인하는 사람도 많다.

　성공한 사람들에게 그 비결을 물으면 공통적으로 나오는 이야기가 있다. 항상 공부하고 준비했다는 것이다. 사업은 성공 원칙을 만들기 위해 경영자가 지속적으로 학습하고 배우는 과정이라고 생각한다. 꾸준한 학습을 통해 직간접적으로 경험을 넓혀야 한다는 것이다.

　보통 사장들은 사업이 난관에 부딪히면 무엇이라도 배우고 싶어 한다. 그러나 이것이 잘못이다. 공부는 어려울 때 하는 것이 아니다. 잘되고 있어서, 더 잘되기 위해 공부가 필요한 것이다.

　나는 미술 강사로 시작하여 교육학, 경영학 학위를 밟으며 지금까지 계속 공부를 해왔다. 공부가 취미였을까? 그랬다면 진작에 다른 길을 갔을 것이다. 나는 철저히 지금 하고 있는 사업을 더 잘하기 위해 부족한 분야의 지식을 지속적으로 학습했고, 그 덕에 지금은 강단에 서서 후진을 양성하고 있다. '나이가 들면 강단에 서야지, 교수가 되어야지.'

이런 생각에서 공부한 것이 아니다. '준비된 우연'이라고 해야 할까?

교육학과 경영학 공부는 원생을 돈으로만 계산하지 않게 했고, 결국 이 경영 철학은 한두 개의 지점 운영이 아닌 브랜드 사업을 가능하게 했다. 결국 꿈이 공부를 도왔고, 결국 사업을 확장하게 만든 것이다.

그때그때 상황에 맞는 롤모델이나 멘토를 찾아 문제를 해결하는 것도 좋다. 그러나 스스로 해결하고 결정해야 할 수만 가지 문제를 일일이 남에게 물어서 결정할 수는 없다. 더군다나 그 책임은 결국 사장의 몫. 제대로 된 결정을 내리지 못했을 때 발생하는 실패와 시행착오는 사업에서 중요한 기회를 잃거나 사업을 뒷걸음치게 만든다. 사장이 생각하는 힘, 문제해결력을 키우는 게 가장 생산성 있는 일이다.

의사결정에도 연습과 노력이 필요하다

사업을 꾸려오면서 직원들에게 직접 교육할 정도로 챙겼던 기본은 세 가지로 압축할 수 있다.

첫째, 사업은 숫자 감각이 중요하다.

학원은 교육 사업이지만 학부모와 학생에게 최고의 만족도와 결과를 제공해야 한다는 면에서 나는 '서비스업'으로 정의했다. 그래서 서비스업에서 꼭 갖추어야 하는 것들에 관해 주로 교육한다. 그러다 보니 간혹 숫자에 관한 부분을 소홀하게 챙기는 경우도 발생한다.

비즈니스의 결과는 투자 대비 효율로 나타난다. 그렇기 때문에 '손익분기점'의 개념이 가장 중요하다. 딱히 서비스업이 아니라도 비즈니스 종사자라면 이미 다 아는 개념일지도 모른다. 하지만 손익분기점을 정확하게 알고 손익분기점을 넘기면 된다고 생각했다면 당신은 아직 사장이 되려면 멀었다.

한 사업장의 책임자들에게 부족한 부분이 이런 것들이다. 만약 월 매출이 1천만 원인 사업장에서 인건비가 절반 이상이라면 이 사업장은 이미 실패한 사업장이다. '인건비는 매출의 30% 선에서, 고정비는 25% 정도로 산정해야 한다'는 식으로 자신의 사업과 관련된 숫자 감각을 사장이 직접 챙겨야 한다. 미술학원의 경우 미대 출신이 사장이다 보니 숫자에 어두울 것이라고 생각해서 직원이 숫자로 장난치는 경우가 있는데, 이 부분을 그냥 지나치면 사업의 기반이 흔들린다.

나는 지금도 일 매출 결산자료를 받고, 월 결산은 이사회의를 통해 보고받는다. 회계 분야의 전문가가 아닐지라도 사업적으로는 아무것도 모르는 사장으로 보이지 않으려면 매출 부분은 깐깐하게 챙겨야 한다. 매출 보고를 받을 때나 결산 보고를 받을 때 중간중간 작지만 예리한 질문을 하는 것도 중요하다. 사업을 하다 보면 생각보다 금전 사고가 많다. 숫자가 뻔히 써 있는 데도 잘 맞지 않는 경우도 있다.

대표가 매일 정확하게 체크하고 있다는 것을 알게 해야 한다. 알면서도 물어봐야 한다. 사소한 것을 넘어가면 생각보다 큰돈을 장난쳐도 모른다. 사소한 것이든 큰돈이든 체크해야 한다. 일정 금액 이하는 관리자에게 전결권을 주더라도 항상 보고 있고, 관리하고 있고, 체크하고 있다는 것을 알게 해야 한다. 작은 금액이라도 윗선에 보고하고 진행하는지, 담당자에게 결정권이 없는 데도 자체 결정하고 지나가는지 정도는 사장도 알아야 한다.

둘째, 사업 전체를 파악해야 한다.
사업의 형태나 규모에 관계없이 회사 내부 사정이나 직원의 상황을 알기 위한 노력을 게을리해서는 안 된다. 대학을 졸업하기까지 예술가가 되기 위한 예체능교육을 받은 사람들은 특히 문서, 시스템, 직장문화에 대한 개념이 없는 경우가 많다. 이는 비단 미대 출신의 인재들에게만 해당되는 이야기는 아니라고 본다.

어떤 사업이든 우선 회사 같은 회사를 만들어야 한다. 작은 장사로 시작했다고 해도 끝까지 장사로 남지 않으려면 직원들의 현재 상태, 마음을 알아야 한다.

창업부터 지금까지 나는 이 과정만은 꼭 지키려고 했다. 3개월에 한 번씩 사내 설문조사를 실시하여 회사에 관한 불만은 없는지, 회사를 바라보는 상은 무엇인지를 묻는다. 물론 규모가 늘어난 지금은 전 직원의 설문조사를 직접 받고 분석할 수는 없다. 임원 이하는 중간관리자 선에서 설문을 받아 분석하게 하고, 임원 이상은 내가 직접 관리한다.

셋째, 사업은 차별화가 핵심이다.

나는 늘 직원들에게 타사와 차별화하기 위한 한발 앞선 공부를 제안한다. 사업은 하고 싶지만 돈이 벌리는 것만큼만 하면 된다는 생각에 머문다면 당신은 아직도 사장 자격이 없다. 남들의 성공에 최소 한 가지는 더 붙일 수 있어야 살아남는 것이 사업이다.

스타트업 자문을 하다 보면 사업 콘텐츠에만 집중하고 사업에 대한 기본 개념은 등한시하는 사람이 많다. 좋은 상품을 만드는 것은 좋다. 그런데 유통이나 단가는 어떻게 할 것인가? 비슷한 상품을 타사에서 얼마에 파는데 당신은 어떻게 팔 것인가? 이 부분에 관한 공부는 사장과 직원이 함께 해야 한다.

나는 지금도 내가 보고 좋았던 책을 직원에게 권한다. 그리고 꼭 읽고 나서 무엇을 느꼈는지 듣는다. 대단한 것을 느끼지 않아도 좋다. 하지만 장단점 정도는 구분할 수 있는 능력을 키워야 한다. 우리 사업에 참고할만한 다큐멘터리나 영상 자료도 꾸준히 모으고 공유한다. 남들보다 섬세한 사람일수록 같은 내용을 사장으로부터 듣는 것보다 영상으로 보고 받아들여 스스로 느끼게 만들 때 학습 효과가 좋다.

사장에게는 A와 B 사이에서 결정을 내려야 할 때가 수도 없이 찾아온다. 이때 그 선택이 불러올 파급효과까지 염두에 두어야 한다. 큰 그림 안에서 사안을 제대로 볼 수 있는 지식과 능력을 키워야 한다는 것이다. 이것이 꾸준한 학습이 필요한 이유이며 경영자 정신을 갖추어야 할 사명이다.

예를 들어 신규 사업 문제, 기존 직원 관리 문제, 직원 채용 문제, 제품 관리, 유통, 마케팅 등에서 주력 사업과 방향이 일치하지 않을 때 생길 수 있는 문제와 더불어 사장이 추구하는 가치와 부합되지 않는 문제 등에서 경영자가 원칙도 없이 결정을 내리게 되면 회사 전체에 좋지 않은 영향을 미치는 것은 물론이고 직원을 비롯한 소비자들에게도 신뢰를 잃게 된다.

눈치 보기 싫어서 사업을 하겠다고 나선 사람을 사장이라고 부르지 않는다. 이 모든 것들을 조율하고 결정하며 회사를 이끌어가는 사람이 사장이다. 사업가로서 기본적인 덕목을 갖추고 전장에 나갈 때 성공이 다가온다는 것을 기억하라.

사장이 될 준비를 게을리 하지 않기를 바란다. 혹시라도 경영자로서 갖춰야 할 덕목에서 부족한 면이 있다면 지금 당장 공부를 시작하라. 사장이 되겠다는 마음과 열정 그 자체가 사장 공부의 에너지가 되어줄 것이다.

TIP

사장이 직접 챙겨야 할 기본 중의 기본

① 작은 매출부터 큰 매출까지 직접 보고 챙길 수 있는 습관을 들여야 한다.

② 최소 3개월에 한 번씩 회사가 돌아가는 사정을 점검한다.

③ 경쟁사와 우리 사업을 차별화할 수 있는 포인트를 직원과 함께 공부한다.

사업은
자존심으로 하는 게 아니다

인내는 어떤 실력보다도 강하다.

—벤 호건

회화든 다른 어떤 예술이든
탁월한 작품을 낳으려고 결심했다면 아침 일찍 일어나서
밤에 잠자리에 들 때까지 온 정신을 거기에만 집중해야 한다.

—조슈아 레이놀즈

"사장이 되고 싶은 가장 큰 이유 한 가지만 얘기해보세요"

"전 남의 밑에 못 있는 사람이에요. 아쉬운 소리 하기 싫어하고 자존심도 강하죠. 그래서 자라면서 '큰일 할 놈'이라는 이야기를 많이 들었어요."

"아쉽게도 그럼 사장은 못 하겠네요."

나는 어떤 주제보다 명확하게 말할 수 있다.

　"일을 즐기면서 하는 사장이 성공한다."

　기획, 마케팅, 영업, 신규 콘텐츠 개발, 세무, 회계, 자금 계획, 직원교육, 인력 개발과 동종 업무 파악 및 시장 분석 등, 사장이 해야 할 일은 셀 수 없이 많다. 이렇게 사장의 일만 열거해도 사업을 흥미롭게 보는 사람과 버거운 일로 취급하는 사람으로 반응이 분명하게 나뉜다.

　물론 규모에 따라 직원들이 경영에 도움을 주는 경우도 있겠지만 무엇 하나 사장이 허투루 볼 수 있는 업무가 없다. 성공한 사장들은 직원조차 허드렛일로 여기는 업무도 재미있게 생각한다. 그렇게 재미있게 일하다 보니 부와 명예를 얻게 되었다는 사장들이 내 주변에는 참 많다.

　사장 역시 회사의 구성원들과 함께 업무들을 처리하면서 배우고 느끼는 것이 많다. 직원들과 함께 회사를 만들어가는 마음으로 능력을 발휘한다면 어느새 회사는 훌쩍 커 있을 것이다.

　내가 목격한 성공한 사장들의 가장 큰 공통점이 하나 더 있다. 회사와 구성원들을 위해서라면 개인적인 자존심은 모두 내려놓는다는 것이다. 때에 따라서는 온갖 모욕을 참아내며 구걸까지도 할 수 있는 마음가짐도 필요하다. 직원들은 아니면 말고 하고 넘어가는 문제도 사장은 필요하다면 무릎을 꿇을 줄도 알아야 회사와 직원들을 지킬 수 있기 때문이다. 이러한 마음의 준비가 되지 않았다면 사업은 꿈도 꾸지 말라고 하고 싶다.

　스타벅스의 창립자 하워드 슐츠는 "성공한 사장이 되는 가장 좋은 방법은 아침에 출근하면서 당신의 자존심을 집에 두고 나오는 것"이라고 말했다. 자존심을 지키겠다는 마음으로 부딪치고 싸워나간다면 사장의 자리를 지키기는 힘들어진다. 능력 있는 사람은 자신을 일부러 드러내려고 하지 않지만 능력이 없는 사람은 자신을 치장하고 포장하여 본질 이상으로 드러내려고 한다. 조금의 성공을 맛보았을 때 목에 힘주지 말고 항상 겸손한 자세를 갖추어야 한다.

　'겸손해야 한다'는 것은 사업을 하면서 매일 깨닫는 진리이지만, 사실 매우 지키기 어려운 기본이기도 하다. 특히 사업 초반에 겸손함을 유지하지 못해 큰 실수를 저지르기도 한다. 그때 비뚤어진 마음을 바로잡지 않으면 최근 사회 지도층에 만연하여 문제가 되는 '갑질' 문제가 언제 내 이야기가 될지 모른다. 항상 겸손함을 생각하고 행동을 조심해야 한다.

섣불리 감정을 드러내지 않는 것도
사장의 내공이다

사장을 하려면 자존심을 내세우지 말아야 한다. 그런데 이렇게 말하면 높은 사람에게 고개 숙이라는 이야기로 알아듣는 경우가 많다. 이 반응은 참으로 놀랍다. 현실은 오히려 정반대다.

한번은 학원 차량을 운전하는 기사가 문제를 일으킨 적이 있다. 기분에 따라 학생들을 대하는 태도가 바뀌는 기사 때문에 학원 다니기 싫다는 원생들도 생겼고, 지켜보니 학원 차량에서 내리는 아이들의 표정도 날이 갈수록 어두워졌다.

사실 사업을 책임지는 입장에서 직원까지는 챙길 수 있지만 기사 문제까지 관리하기는 어렵다. 그러던 중 문제의 기사가 학생들에게 막말을 하는 현장을 목격하고는 최대한 자세를 낮춰 상황을 수습하려고 나섰다. 하지만 이미 기분이 상한 상대는 사장을 보니 더 적반하장이었다. 마치 이때다 싶은 태도로 고래고래 소리를 지르며 학생과 선생님 앞에서 화를 돋우었다.

나는 참고 또 참았다. 충분히 화를 낼 수 있는 상황이었지만 감정을 먼저 내세우면 일을 수습할 수 없다. 혹시 감정을 더 건드렸다가 학생들에게 분풀이라도 하게 된다면 상황을 걷잡을 수 없었을 것이다. 갑자기 피해자가 된 듯 발광하는 상대를 조용히 타이르고 시간이 지나 학원으로 불러 조용히 달래고 친절하게 대해달라고 사정하여 서비스를 개선시켰다.

내부 관리도 어렵지만 학원 사업에서는 학부모 컴플레인도 엄청나다. 때로는 학부모의 갑질에 대처하는 요령도 필요하다. 이 부분과 관련해서는 직원들에게 교육도 많이 하고 있다. 억울한 상황이 더 많지만 최대한 낮은 자세로 행동하는 것이 중요하다.

독립하여 학생들을 데리고 나가겠다고 엄포를 놓는 선생님도 많다. 입소문이 빠른 업계이기에 이때는 학원 입장에서 대처하는 것 자체가 위험하다. 섣불리 대응했다가는 이런 학원이더라, 저런 학원이더라는 뿌리를 알 수 없는 소문이 퍼지기 마련이다. 말도 안 되는 소문에 일일이 상대할 필요는 없다. 그러나 선을 넘는 경우 꼭 상대해야 한다. 심각한 상황에도 방관한다면 사장이 나 몰라라했다는 사내 평가를 피할 수 없다.

사업을 하며 크고 작은 일에 휩싸이는 경우도 많았다. 하지만 내가 화를 내는 것을 본 적이 없다는 사람들이 많다. "내가 그래서 암에 걸렸잖아." 우스갯소리로 이렇게 넘어가지만 사장은 최대한 포커페이스를 유지해야 한다. 쉽지 않지만 사장이 평정심을 유지해야 사업이 잘 돌아간다. 대표라고 지 맘대로 한다는 평가가 지속되면 그 평판은 사업에 안 좋은 결과로 돌아온다. 큰 테두리에서 사업은 결국 사람을 만들어가는 과정이기 때문이다.

나 역시 처음부터 평정심이 가능했던 것은 아니다. 사업 초반에는 카리스마 있는 사장, 장악력 있는 리더라는 이야기도 많이 들었지만 이 평가가 꼭 좋은 결과로 이어지는 것은 아니라는 사실을 알게 된 이후 많은 것을 조심하게 되었다. 결국 나도 직원도 불편한 상황을 만들지 않는 것. 그것이 성공하는 사업의 비결이자 사장의 내공이라는 것을 알게 되었다.

사장의 행동 하나하나가 주변 사람들에게 공감을 사고 항상 밝고 원만한 유대관계를 유지해갈 때 회사에 대한 신뢰감도 따라온다. 사장은 자신의 자존심이나 생각은 잠시 접어두고 고객과 직원의 삶과 생각에 관심을 가져야 한다. 사장의 자존심이 아닌 고객과 직원의 생각이 사업을 성공으로 이끌기 때문이다.

모든 일에서 믿을 줄 알고 기다릴 줄도 알아야 한다. 내 자신을 믿고 회사의 직원들을 믿고 기다려줄 때 상대방도 나를 믿게 되면서 안정된 회사를 이끌어갈 수 있게 된다.

사장의 말과 행동이
회사를 미래를 결정한다

보통 사람들은 당장 눈앞을 보고 결정하지만 성공하는 사람들은 먼 곳을 보고 결정을 내린다. 특히 어려운 결정을 내릴 때 거시적인 상황을 생각하지 못한다면 모든 사업이 오래도록 지속되기 어렵다. 이러한 사장의 마음가짐이 다른 회사와 '차이'가 있는 회사가 아닌 '차원'이 다른 회사를 만들기 때문이다.

작은 성공을 거뒀다고 현재에 안주하지 않고 항상 '차원'이 다른 회사를 만들려는 꾸준한 노력을 게을리하지 않을 때 어떠한 환경에도 쉽게 무너지지 않고 20년, 30년이 가도 굳건하게 버틸 수 있는 회사가 만들어지는 것이다.

성공한 사장은 지금 아무리 자기 분야에서 1등을 하는 회사라 해도 항상 벼랑 끝이라는 마음가짐으로 회사를 이끌어갈 때 항상 새로운 생존법이 떠오른다고 한다. 요즘처럼 트렌드가 하루하루 변하고 환경 또한 무섭게 변화하는 세상에서 자기가 하고 있는 사업이 언제까지 안전하리라 장담할 수 있겠는가. 새로운 생각과 연구를 게을리한다면 성공하는 사장이 되기는 절대적으로 어렵다고 볼 수 있겠다.

또한 섬세한 사장이라면 자신의 말 한마디가 미칠 수 있는 영향을 생각해야 한다. 나의 말 한마디가 누군가의 인생을 바꿔놓을 수 있으며 회사의 존폐에도 영향을 미칠 수 있다는 사실을 한시라도 잊으면 안 된다. 위로 올라갈수록 더더욱 말과 행동에 조심을 기울여야 한다는 것은 따로 설명하지 않아도 이해하리라 생각한다.

　나 역시 직원들에게 수도 없이 교육하는 것 중 하나가 사람 관리를 잘해야 한다는 것이다. 성공한 사장 곁에는 훌륭한 인재들이 모여 있다. 그만큼 사람 관리에 무한한 노력이 있었기 때문이라 생각한다. 성공한 사장들은 사업의 성공이 자신이 아닌 뒤에 있는 훌륭한 인재들 덕분이라는 말을 잊지 않는다. 뒤에서도 언급하겠지만 사람 관리가 사업의 승패를 좌우한다고 봐도 과언이 아니다.

　어떤 사업을 하던 "성공의 원인은 훌륭한 직원들 때문이고, 실패를 했다면 내 자신의 무능력 때문이다"라고 생각할 수 있을 때 진정으로 성공할 수 있는 사장의 마인드를 갖추었다고도 볼 수 있다. 나 또한 그렇다. 20개가 넘는 다양한 사업체를 이끌어갈 수 있는 원동력은 내 자신의 뛰어난 능력 때문이 아니라 신뢰할 수 있는 훌륭한 구성원들과 함께하기 때문이라고 자신 있게 말할 수 있다.

성공하는 사장의 조건

① 조직과 구성원을 위해서 이해관계자들에게 구걸도 할 수 있다.

② 사람을 믿고 기다릴 줄 안다.

③ 눈앞의 것보다 먼 곳을 보고 결정한다.

④ 자신을 드러내거나 포장하는 말을 삼간다.

⑤ '차이'가 있는 회사가 아닌 '차원'이 다른 회사를 만든다.

⑥ 벼랑 끝에서도 생존법을 떠올린다.

⑦ 말 한마디가 인생을 바꿔놓을 수 있다는 것을 안다.

⑧ 새로운 발상이 기업의 운명을 바꿔놓을 수 있다고 생각한다.

⑨ 일이 재미있어지는 좋은 회사를 만든다.

⑩ 절대로 돈만 벌겠다는 목표로 회사를 운영하지 않는다.

회사는
사장의 모든 것을 닮는다

'돈'이 아니라 '사람'을 위해 일하라.

—앨런 더쇼비츠

남을 아는 사람은 똑똑하지만,
자기를 아는 사람은 밝다.

—노자

"대표님 정도 되면 기부만 해도 주변에서 고마워할 텐데 뭐 하러 봉사 현장까지 나와서 일일이 체크하세요? 이제 안 그러셔도 되잖아요."

"처음부터 보여주기 식으로 기부하고 봉사할 생각은 없었어요. 우리의 이런 행동 하나하나가 사회에 미치는 영향도 중요하지만 직원들에게 내가 생각하는 회사와 사회에 대한 상을 이런 기회에 더 보여주고 싶어요. 이것보다 더 큰 교육 효과가 어디 있겠어요. 말과 행동이 일치하지 않는 사장을 누가 따를까요?"

신기하게도 모든 사업은 사장을 닮았다. 동네 작은 우동집이든 글로벌 기업이든 사장의 경영 철학은 사업의 곳곳에 배어 있다. 모든 사업이 경영자의 철학에 따라 성장 여부와 규모가 결정된다고 해도 과언이 아니다.

사업의 규모는 시작 단계에서 크다 적다를 가늠하기 어렵지만, 세월이 흐를수록 경영자의 그릇에 따라 그 차이가 드러난다. 그리고 사장이 고객의 욕구를 얼마나 정확히 파악하고 얼마나 빨리 시장의 흐름에 맞춰 발상을 전환할 수 있는지에 따라 사업의 성공 여부가 갈라진다.

사장마다 꿈꾸는 사업의 규모와 그리는 성공의 그림이 다르겠지만 적어도 사업을 한다면, 그리고 나의 성공 비결을 묻는다면 나는 두말없이 '윤리경영'이 곧 회사가 성장하는 핵심 가치라고 말할 수 있다.

사장으로 변하기 위한 여러 실무에서 강조하고 싶은 것은 당장의 이익보다 미래의 이익을 생각하고 윤리경영을 실천해야 한다는 것이

다. 사장의 정직함이 곧 회사의 미래이자 브랜드 이미지라고 생각해야
한다.

이 말은 직원들을 비롯하여 고객에게 얼마나 투명한 '윤리경영'을
하고 있는지에 따라 오랫동안 고객에게 사랑을 받는 기업이 되거나
한때 스쳐가는 장사꾼으로 사라지는 기업이 될 수도 있다는 것을 의
미한다.

'윤리경영'이 거창하게 들릴 수 있겠지만 나는 작은 구멍가게에서
도 실천할 수 있는 가장 쉬운 경영법이라고 생각한다. 무일푼으로 시
작해 이 자리까지 달려올 수 있었던 원동력은 항상 직원들 앞에서 자신
있게 말할 수 있었던 '투명한 경영'과 '윤리경영'이었다. '윤리경영'으로
지금까지도 현장에서 살아남을 수 있는 기업이 될 수 있었고, 고객이
직원이 되고 직원이 노력하면 사장이 될 수 있다는 믿음과 신념을 저버
리지 않을 수 있었다.

학연, 지연의 도움 없이 지금까지 성공을 일구며 많은 직영 사업체
의 사장들을 양성해왔지만 스스로 인간관계를 맺는 데 특별한 능력을
갖추었다고 생각하지는 않는다. 오직 직원들의 믿음과 신뢰를 바탕으
로 여기까지 올 수 있었고, 거기에 투명한 경영과 지속적인 윤리경영의
실천이 도움이 되었다고 자신 있게 말할 수 있다.

직원을 내 편으로 만드는 사장이
고객의 인정도 받는다

나를 믿고 사업에 투자를 해주고 한 배를 타겠다는 사람들의 믿음은 어디서 오는 것일까? 아마도 사장이 상대방에게 어떻게 얼마나 믿음을 주고 신뢰할 수 있도록 투명한 경영을 하는가에 따라 나를 돕겠다는 사람의 숫자와 진정성이 결정될 것이다.

'사람이 미래다.' 나는 사업의 철학을 이렇게 생각한다. 나는 사업을 사장 혼자만 배불리 잘 먹고 잘 살기 위한 수단으로 생각하지 않는다. 진정한 사업가라면 직원의 믿음과 신뢰를 기반으로 모든 직원들이 회사와 함께 성장할 수 있다는 것을 보여주어야 한다고 믿는다.

그러나 치열한 경쟁 속에 살아남아야 하다 보니 직원뿐만 아니라 동종 업계에서도 상처를 입을 때가 있다. 나 또한 온갖 시기와 질투, 무수한 유언비어, 각종 민원을 비롯한 고소 고발을 처리하면서 불필요한 시간과 돈을 많이 낭비했다.

사업을 하다 보면 크고 작은 선택을 내려야 할 때 아무리 공정한 잣대를 들이댄다 하더라도 누구에게는 상처가 될 수 있고 서운함을 줄 수밖에 없다는 사실을 모르는 바 아니다. 그래서인지 상대방에게 큰 상처를 주지는 않았는지 하루하루 이유 없는 미안함과 걱정에 둘러싸여 있을 때가 많았고, 지금도 힘든 시간을 보내기도 한다.

특히 내가 몸담고 있는 학원 사업은 배울 만큼 배운 사람들이 모인 집단이지만 극심한 경쟁 구도로 인해 장사치보다도 못한 상황에 대처해야 할 때가 종종 발생한다. 그럴 때마다 거대한 회의감이 파도처럼 밀려온다. 파트너로 함께 커가던 점장이나 직원들이 그만두거나 이직할 때면 함께한 시간 동안 쌓인 정을 생각하며 상대방을 배려한다고 하지만, 돌아오는 것은 어쩔 수 없는 서운함뿐인 경우가 대부분이다.

사업은 생존 게임이라지만 이러한 경우에 놓이면 상대방을 배려하는 쪽으로 정리를 해왔다. 이럴 때마다 경쟁할 수밖에 없는 현실에서 회사 방침에 따라 상대방에게 당하고만 있는 우리 직원들에게 많이 미안했다.

변명 같지만 우리 직원들에게는 강하게 대처하지 못하게 하고 참기만을 강요할 수밖에 없었다. 상대방이 저급하게 나온다고 우리까지 비슷하게 대처한다면 같은 수준의 조직으로밖에 비춰지지 않을 것이다. 나는 그게 가장 싫었다. 앞만 보고 내 일에만 집중하고 남들보다 두세 배 노력하고 열심히 살았던 시간으로 기억하고 싶을 뿐이다.

이러한 대응이 전화위복이 된 것인지 '브랜드 대상'과 '소비자 만족도 1위'라는 최고의 영광을 오랫동안 누릴 수 있었다. 고객들과 함께하는 '따뜻한 동행'이라는 슬로건을 걸고 저소득층 자녀 돕기, 지역별 맑고 깨끗한 환경 만들기, 불우이웃돕기, 장애인가정 자녀 돕기, 유치장이나 빈민가 벽화 그리기를 포함한 봉사활동이나 재능기부 등 다양한 방식으로 윤리경영을 실천하며 소비자 곁으로 다가가기 위해 노력했던 시간이 인정받았다고 생각한다. 현재도 한국장애인협회 사무총장으로 활동하며 사업가로서 사회에 선한 영향을 미치는 노력을 계속하고 있다.

나는 회사가 실천하길 원하는 것이면 무엇이든 먼저 꼭 보여주는 솔선수범의 대표이고자 한다. 모든 것을 그저 믿고 맡기는 것이 아니라 할 수 있는 상황을 만들어주는 탓에 "이런 것도 하세요?"라는 질문을 많이 받는다. 소소한 인테리어 시공 하나하나도 직접 해봤다. 직접 나서면 사업적인 측면으로는 비용을 줄일 수 있기도 하지만 디테일 하나하나를 점검할 수 있다.

완벽주의자 같다는 이야기도 많이 들었다. 창업 초기부터 나는 학원 원장보다 사업가로, 전략가로 생각하였다. 이런 노력 때문인지 몰라도 "이 사람 미술 전공자 맞아?"라는 이야기도 종종 듣는다.

직접 실행해봐야 리더가 될 수 있다는 믿음의 연장선으로 나는 선생, 관리자들에게도 '연구작' 제출을 요구한다. 그림 실력이 곧 계급인 사람들도 있기 때문이다. 만약 직원보다 관리자가 그림을 못 그린다면? 리더라면 이런 상황도 극복해야 한다. 그림 실력으로 학원을 이끄는 것은 아니지만 직원보다 모자라는 능력은 열심히 노력하여 보완해야 하며, 직원은 관리자의 리더십에 따라야 한다는 것을 이 과정에서 배워야 한다.

딱히 이 경우가 아니더라도 관리하는 직원들보다 더 잘하는 게 있어야 누군가를 이끌 수 있다는 것을 알게 만들고 싶었다. '우리 시장은 모르는 게 없어, 다 알아.' 사장은 직원이 뛰어넘을 수 없는 사람이라는 이미지가 필요하다. 사장이라면 언제 어디서든 지는 게임을 하면 안 된다.

이러한 교육 과정은 원장들이 자신보다 고학력에다 나이도 많은 학부모를 상담할 때도 좋은 경험이 된다. 모든 것이 상대보다 뛰어날 수는 없지만 어떤 한 부분에 관해서는 그들보다 뛰어난 사람이라는 각인이 성공하는 결과를 만든다.

이 모든 과정은 내부 결속을 통해 이룰 수 있었다. 직원들이 위기 상황에도 똘똘 뭉치면서 회사의 브랜드 이미지를 높이다 보니 회사를 향한 충성도도 높아졌다.

TIP ▰▰▰▰▰▰▰▰▰▰▰▰▰▰▰▰▰▰▰▰▰

윤리경영을 통해 얻을 수 있는 장점

① 회사의 비전과 목표를 직원들과 공유한다.

② 회사가 직원들의 신뢰와 믿음을 얻는다.

③ 치열한 경쟁에서 버팀목이 된다.

④ 회사의 브랜드 가치가 높아진다.

돈이 따라오는
회사를 만드는 법

다른 사람을 판단할 때 행운과 능력을 혼동하지 말라.

−칼 아이칸

인생에 재미있는 것 한 가지가 있으니,
최고 외에는 어떤 것도 받아들이지 않으면
그것을 꽤 자주 얻게 된다는 것이다.

−서머싯 몸

"대박. 그 맛 한번 보려고 사장하는 거 아니에요? 늘 운 좋은 사장들이 참 부러워요. 딱히 하는 일도 없는 것 같은데."

"회사를 운영하는 것은 자동차 운전과 같다고 생각해요. 높은 언덕길을 오르기 위해 액셀을 밟지 않으면 자동차는 정지하게 되고 뒤로 물러나게 되죠. 속도가 붙었을 때 계속에서 밟아줘야지 갑자기 브레이크라도 한 번 잡고 나면 언덕길을 올라가기 쉽지 않다는 거 알잖아요?"

사업의 성패를 결정하는 것이 무엇이라고 생각하는가? 여러 요소가 종합적으로 제대로 갖추어졌을 때 사업이 성공할 수 있다고 생각하겠지만, 나는 사장의 역할이 가장 중요하다고 생각한다. 결국 사업을 이끌어갈 핵심은 '사장'이기 때문이다.

사장 자리에 앉는다고 저절로 경영자가 되는 것이 아니다. 조직의 구성원을 세팅하고 시스템을 구축하며 신사업을 위한 콘텐츠를 개발하는 모든 결정의 책임은 사장에게 있다.

이 책임의 무게는 너무나 막대하다. 최근 스타트업을 대상으로 조사한 지표를 보면 90% 이상의 회사가 7년을 버티지 못하고 말 그대로 망했다. 실패의 원인을 어디서 찾을 수 있을까? 당연히 사장이 경영을 어떻게 했는가에서 출발해야 한다. 그런데 실패한 사장들의 이야기를 들어보면 자신들의 부족한 면보다 내부 요인으로는 직원들의 문제, 외부 요인으로는 시장 환경을 탓하는 경우가 가장 많다.

가혹하게 들릴지 모르겠지만, 그들은 틀렸다. 사장은 아직 발생하지 않은 모든 상황에 대응할 준비가 갖추어져 있어야 한다. 그랬다면 허무하게 실패로 끝나는 상황은 절대 일어나지 않는다. '패자는 실패를 변명거리로 삼기 때문에 계속 실패하는 것이고, 승자는 실패를 이기기 위한 이유로 삼기 때문에 성공하는 것이다.' 로버트 기요사키의 말을 꼭 기억했으면 한다.

"조직은 사장을 통해 조직을 바라본다."

사장이 되고 싶다면, 이미 사장이라면 꼭 알아두어야 할 중요한 사실이다. 직원들은 사장이 자신의 행복과 안녕을 신경 써주고 자신의 가치를 인정해준다는 느낌이 들 때 조직으로부터 지지를 받는다고 믿는다. 이에 대한 보답이 바로 조직에 대한 충성과 조직시민행동의 강화다.

사업이 실패하여 문을 닫는다는 것도 사장 혼자만의 손실이 아니다. 곁에서 힘이 되어준 직원들 역시 더욱 힘들어진다는 사실을 간과해서는 안 된다. 사업의 시작이 중요한 만큼 사업의 결과가 성공이든 실패든 그 마무리도 중요하다.

이처럼 사장의 역할이 그 어느 것보다 중요한 경영의 세계에서 사장은 어떤 마음가짐으로 사업에 임해야 하는가? 무엇보다 성공을 대하는 태도, 리더십, 커뮤니케이션, 사람 관리, 목표 설정, 재무 관리, 조직 관리 등 모든 분야에서 스스로 능력을 갖춰야 한다. 이는 누구에게 부탁해서 대신 처리해줄 수 있는 것들이 아니다. 이 모든 것들을 사장이 자신감 있는 모습으로 처리하며 성공을 이끌어낼 수 있다는 신뢰감을 직원들에게 줄 때 비로소 직원들에게 긍정의 에너지를 이끌어낼 수 있다.

리더십을 '나를 무조건 따르라'고 생각하기 쉬운데, 나는 그렇게 생각하지 않는다. 나는 직원들과 대화를 나누는 것을 좋아한다. 특히 내가 말하기보다는 상대방의 말을 더 많이 들으려고 노력한다. 대화가 길어지고 내용이 깊어질수록 진짜로 원하는 것을 말하는 사람이 많기 때문이다.

협상을 한다고 생각해보자. 대화를 하다 보면 100의 수준을 원하던 상대가 사실은 60 정도를 바라고 있다는 것이 파악될 때가 있다. 그때 나는 상대가 원하는 수준에서 10을 더 얹음으로써 양측 모두 만족스러운 결과를 얻었다. 상대가 직원이든 학부모든 고객이든 마찬가지다. 원하는 것이 무엇인지 먼저 들어야 그것을 만족시켜줄 수 있다.

이 협상의 기술은 너무나 유명하지만 아직 모르는 사람도 많다. 돈이 되는 사업으로 만들기 위해서는 상대가 원하는 지점을 찾으려고 노력하고 그 안에서 기준점을 세워야 한다.

우리를 경쟁상대로 삼는
사람이나 사업과 경쟁하지 않는다

나는 실패하지 않는 사업을 만들기 위해 같은 업종을 참고하지 않았다. 시작부터 모든 개념을 대기업에서 찾았다. 철학, 운영, 시스템 모두를 말이다. 나는 김밥집도 삼성처럼 운영해야 한다고 생각한다. 남들이 봤을 때 상상 이상의 환경과 시스템을 제공해야 성공한다.

창업을 하기 전에도 나는 학원 프랜차이즈 사업에 관심이 많았다. 직장에 다니면서도 계속 고민했던 지점이다. 학원, 특히 미술 쪽은 예술가 세계 특유의 도제 시스템 때문에 상하관계가 엄격하다. 이러한 수직 구조는 비즈니스에서 효율적으로 작동하지 않는다.

기본은 수평적 구조를 다지는 일이었다. 그래야 더 튼튼하고 큰 기업을 만들 수 있다고 믿었다. 책임과 권한, 이익을 사장 1인이 독점하는 것이 아니라 함께하는 사람들과 나눔으로써 리스크를 관리했다.

특히 이익을 나눔으로써 많은 사람을 내 사람으로 만들 수 있었다. 상업적이라는 어이없는 비난을 받기도 했지만 우리 브랜드 업체에서 매년 5천만 원 이상을 기부하고 다양한 방법의 재능기부를 통해 이익을 사회에 환원하고 있다.

물론 속 터지는 일이 없었던 것은 아니다. 어떤 지역에 우리 학원이 진출하면 이상한 유언비어가 퍼진다. '학원비만 비싸다', '마케팅만 잘한다'는 식이다. 씨앤씨만의 특별한 수업 방식인 '학교에 없는 교실', '학교 앞 전시'도 그저 마케팅일 뿐이며, 그마저도 각종 민원과 고소 고발로 일주일에서 열흘씩 학원 문을 닫아야 했던 적도 있다. 심지어 경찰 조사까지 받아보니 질투가 참 무섭고 모든 것들이 소모적이라는 회의감을 갖게 했다.

이런 일 하나하나에 대응하지 말라고 하는 나에게 직원들은 답답함을 호소한다. 하지만 차라리 힘이 없어서 당했다는 이야기를 듣는 것이 낫지, 소문이 확대되어 악의적인 이야기로 번지지 않는 것만도 다행으로 생각했다.

씨앤씨에서 오는 원생은 무료로 받아주겠다는 학원도 있었다. 수강료로 장난치는 저급한 행동, 상도의에 어긋나는 행동에 나는 대응하지 않는다. 우리는 원칙적으로 수강료 디스카운트가 없다. 원생을 끌기 위한 파격적인 할인 정책, 강사 빼가기 등은 부메랑처럼 자기 사업에 돌아와 스스로를 깎아먹기 때문이다. 이러한 사실을 왜 모를까, 설마 알면서도 그러는 것인지 궁금하다.

사업은 장거리 경주와 같다. 사업은 한방의 대박으로 끝나는 경우도 없으며, 처음에 회사를 만들면서 가졌던 마음가짐과 비전을 달성하기 위해 악착같이 하루하루 쉬지 않고 뛰어야 한다는 뜻이다. 간혹 '내

일부터 안 볼 사이'라는 생각으로 고객을 대하는 사장이 있는데, 이런 사람은 사장의 자격이 없다고 보면 된다.

자신의 신념, 첫 마음을 지속적으로 가져가는 것, 오랫동안 직원들과 함께 생명력을 지닐 회사를 만들어가겠다는 것을 목표를 삼아야 한다. 돈이 동기부여가 될 수도 있다. 하지만 지속적이고 멀리 갈 수 있는 생명력 있는 회사를 만든다면 돈은 저절로 따라온다.

어린 나이에 사업을 시작해서 그랬는지 모르지만 나도 처음에는 돈만 많이 벌면 된다고 생각했다. 그래서 앞뒤 없이 달렸고, 덕분에 겪지 않아도 될 일들을 경험했다. 힘든 시간도 길었다. 그렇게 잃어버렸던 것들을 생각하면 이 책을 읽는 여러분은 나 같은 경험을 하지 않았으면 하는 바람이 크다.

성공을 이룰 수 있었던 원동력이 무엇이었는지 돌이켜 생각해보면 돈을 많이 벌겠다는 호승심만은 아니었던 것 같다. 직원들과 함께 도전하고 회사를 발전시켜나가며 그 안에서 얻었던 행복과 성취감, 마침내 궤도에 오른 회사 자체가 원동력의 전부였다.

여러분들도 사업을 시작하면서 가졌던 다양한 희망과 비전을 놓지 않기를 바란다. 사업의 성패는 환경 탓을 할 수도, 직원 탓으로 돌릴 수도 없다. 성공의 문을 여는 열쇠는 오직 사장 자신에게 있다는 믿음이 필요하다. 무엇이 부족한지, 성공을 위한 핵심 가치가 무엇인지 지속적으로 고민하고 또 고민하라. 그렇게 사장의 역할에 최선을 다한다면 직원들과 함께 과거의 시간들을 회상하는 즐겁고 행복한 시간을 맞이할 수 있을 것이다.

TIP

사업의 성패를 가르는 핵심

① 사업의 성패는 환경도 직원도 아닌 사장이 결정한다.

② 사장의 노력을 직원에게 전달한다.

③ 동종 업계를 경쟁상대로 삼지 않는다.

④ 이익을 직원, 사회와 함께 나눈다.

⑤ 사업은 장거리 경주와 같다.

⑥ 직원과 함께할 때 장기적인 성공을 거둔다.

3장

처음부터
사장으로 성공할 수는
없다

다른 사장 밑에서
3년 이상은 경험을 쌓아라

사람들이 대개 기회를 놓치는 이유는
기회가 작업복 차림의 일꾼 같은 일로 보이기 때문이다.
-토마스 A. 에디슨

창조적으로 살고 싶다면 실수를 두려워하지 말라.
-조지프 칠턴 피어스

"최 대표, 내가 아들이 하나 있는데 말이지. 언젠가는 내 사업을 물려주고 싶어. 경영학과에 보내긴 했지만 회사에 들어오면 어떤 일부터 시키면 좋겠나?"

"졸업하고 회사에 바로 들이시게요? 제 힘으로 사업한다는 친구들이 저를 찾아와도 저는 직원 경험부터 해보라고 말합니다. 시간이 아깝지 않을 거예요. 남의 밑에서 어려움부터 겪어보고 들어오라고 하세요."

20대에 사장을 하면 좋은지, 또 40대는 첫 사업을 하기에 너무 늦은 시기가 아닌지 묻는 사람들이 있다. 당연히 사장이 되기 좋은 시기란 딱히 없다.

누구나 남 밑에서 이런저런 스트레스 받으며 일하는 것보다 능력이 된다면 자신의 사업장을 만들고 싶어 한다. 요즘은 프랜차이즈 본사 교육도 잘되어 있고 지원도 훌륭해서 자본만 있으면 된다는 광고가 많은데 현장 경험 없이 사업에 뛰어드는 것은 의사 면허도 없이 메스를 들고 수술을 집도하는 것과 다름없다. 설령 동업을 통해 유경험자와 함께하더라도 나 자신의 경험이 없다면 여러 가지 문제와 갈등으로 동업 관계 자체에도 어려움이 따를 수밖에 없다.

나는 어떤 일이 있어도 자신이 하고자 하는 사업 분야에서 최소 3년 이상은 남 밑에서 고생해봐야 한다고 생각한다. 직장으로써 다녔던 기간이 최소 3년이고, 창업을 하겠다는 마음을 굳혔을 때부터도 적어도 1년 이상이 필요하다. 그래야 사업의 기본이라도 알고 시작할 수 있기 때문이다.

최소 3년이 필요하다고 말했지만, 내 경우에는 5년도 부족했다. 교육 현장에서 5년 이상 몸담았고, 충분히 역량을 쌓았다고 생각했지만 사업을 시작한 후 예상치 못한 문제들 때문에 번번이 실패했다.

일반적으로 직원의 영역과 사장이 영역이 다르다고 착각하는 경우가 많은데 내 생각에는 직원의 마음가짐이나 사장의 마음은 별반 차이가 없다고 생각한다. '어떻게' 생각하느냐의 차이일 뿐이다. 사장을 준비한다면 지금 직원이라도 내 사업이라는 사장의 마음가짐을 가져야 한다. 그래야만 사장의 역할을 지금 당장 무리 없이 수행할 수 있다.

사장이 되기 위해서는 지금의 자리에서 최대의 역량을 발휘해야 한다는 것이 내 지론이다. 그래야만 실제로 사장이 되어서도 실패 확률을 낮출 수 있다. 직원일 때 대충대충 일했는데 사장이 된다고 열심히 할 수 있을까? 어불성설이다. 몸에 밴 '사장처럼 일하는 습관'이 사장을 만드는 것이다.

월급 받으며 익혀야 할 사장의 일

자잘한 업무부터 중요한 의사결정까지 사장은 전체 업무의 흐름을 파악해야 한다. 부서별·직급별 업무 매뉴얼, 회사 시스템 등을 파악하는 게 가장 중요하다. 내가 하고자 하는 사업의 '핵심 가치'는 무엇이고 그것을 제대로 이해하고 있는지, 앞으로 변화할 트렌드까지 파악하길 바란다.

특히 현재 몸담고 있는 회사의 장단점을 파악하고 지금의 회사보다 더 나은 회사를 만들 수 있겠다는 판단이 설 때 비로소 사업을 할 준비가 되었다고 보면 된다.

그러나 지금의 회사가 도저히 넘어서지 못할 정도의 회사라고 생각된다면 지금 회사보다 한 가지라도 더 나은 확실한 차별화를 통해 성공시킬 수 있다는 확신이 있어야 한다. 물론 다른 회사들 역시 각자의 차별화를 통해 경쟁력을 갖추고 있을 것이다.

다른 회사에서 따라할 수 없는, 즉 차별된 나만의 콘텐츠가 분명히 있을 때 사업의 경쟁력이 생긴다. 대충 비슷하게 따라하거나 확신도 없이 무리하게 사업을 시작한다면 필패할 수밖에 없다는 사실을 명심해야 한다.

한 가지 더. 아주 작은 문제로 회사가 존폐 위기까지 갈 수 있다는 점을 기억하고 철저히 준비하길 바란다. 법적 관계, 허가 절차, 마케팅, 유통, 자금 계획, 핵심 콘텐츠까지 지금 몸담고 있는 회사에서 완벽한 준비를 마친 후 출발점을 찾아야 한다.

직원으로 근무하면서 쌓아온 수많은 경험과 사업을 하면서 실패했던 모든 과정들이 나를 지금의 자리까지 오게 만들었다고 생각한다. 돌이켜봐도 그 시간은 꼭 필요한 창업의 자산이라고 여겨진다. 여러분도 월급을 받으며 근무하는 한 시간 한 시간을 소중하게 여기고 하나라도 더 배우길 바란다. 그리고 기왕 남의 밑에서 일하면서 배우겠다고 마음먹었다면 사장으로서 충분한 역량을 갖춘 깐깐한 사장 밑에서 제대로 배워보라고 말하고 싶다.

2세 경영자는
회사보다 사람부터 챙겨라

남의 밑에서 설익은 밥을 먹어봐야 한다는 말은 창업 준비생들에게도 해당되지만 2세 경영자들에게는 더욱 중요하다. 나는 2세 경영을 아버지가 차려놓은 밥상에 숟가락 올리는 것이라고 생각한다. 그래서 나는 눈앞의 필요 가치만 따지는 2세 경영자들을 코칭할 때 사람의 소중함을 깨치는 데 특히 많은 시간을 들인다.

2세 경영자들은 대게 직원들과 호흡을 맞추는 데 애를 먹는다. 간혹 그럴 필요를 느끼지 못하는 경우도 보게 된다. 자신의 능력을 빠르게 증명하고 싶은 마음 때문이다. 조급함은 2세 경영자가 사업 전반을 꿰뚫지 못한 채 문서로만 평가하다 사람을 잃게 만들고, 자신이 아는 만큼의 수준에서 만족도를 따지다가 애써 일궈온 사업을 위기에 빠뜨린다.

물론 비즈니스에서 성과는 투자 대비 효율로 판단하는 것이 옳다. 하지만 경험이 부족한 2세 경영자들이 조급함에 빠지지 않으려면 다른 접근이 필요하다.

나는 이들에게 직원들이 회사를 바라보는 마음, 바라보는 내용에 대해 설문조사를 받거나 면담을 해보라고 권한다. 물려받을 회사의 경영 상태를 파악하기에 앞서 함께 일할 직원들의 파악이 먼저이기 때문이다.

직원들에 대한 파악 없이 자기 잣대로 직원을 평가하는 것은 남의 밑에서 일해보지 않은 사장과 2세 경영자들의 공통점이다. 양파 한 번 까보지 않고 외식업으로 성공하기 어렵듯이 비즈니스의 본질을 이해하지 못하고 성공하기는 어렵다. 다시 말하지만 비즈니스의 핵심은 사람이다.

직장동료와의 관계가
사람 관리의 시작이다

쉽고 편하게 일하고 싶은 마음은 누구나 같을 것이다. 그렇지만 사업은 냉정하고 냉혹하다. 자신이 사장이 되었을 때 성공하고 싶다면 일을 배울 때 자리에 연연하지 말고 직책이 무엇이 되었든 모든 영역에서 제대로 이해하고 수행할 수 있도록 업무에 임해야 한다.

자신의 직책과 업무를 넘어 모든 영역에 대한 이해를 높이면 사장이 되었을 때 전체적인 흐름을 파악하는 데 도움이 될 것이다. 여기에 경쟁사와 다른 직원들의 변화에 늘 관심을 갖는다면 시장의 변화와 사람의 변화를 예측하고 먼저 준비하는 능력을 얻을 수 있다.

사업의 핵심인 사람 관리를 위해서 자신이 자신의 자리에서 어떻게 사람들과 소통하고 있는지 신경 써야 한다. 오랫동안 사업을 하면서 가장 안타까웠던 것은 직원들이 관계를 너무 쉽게 생각한다는 점이었다. 업무 문제로 또는 사소한 문제로 불편하게 지내는 것을 보면서 느낀 점은 직장과 동종 업계에서 자신을 어떻게 평가하고 어떤 평판으로 알려질지 생각하지 못한다는 것이었다. 잘못된 평가와 평판으로 사업을 시작조차 못하는 것을 보면 안타까울 따름이다.

대부분 사람들이 직장에서 필요한 사람은 동료로 생각하고, 필요하지 않은 사람은 별 의미 없는 사람으로 치부하는데 이것은 위험한 생각이다. 상황에 따라 별 의미 없이 생각했던 사람이 나중에 내 사업의 발목을 잡는 가장 무서운 적이 될 수도 있고 내 사업을 위기에서 구해줄 구원자도 될 수 있기 때문이다.

뛰어난 사장으로 성장하기 위해서는 사람관계를 놓치지 않아야 한다. 특히 사업을 준비할 때 동고동락했던 직장동료들에게 자신이 그동안 어떤 신뢰감을 주었는지에 따라 새로 시작하는 사업에 힘이 되어줄 지 걸림돌이 되어줄지 결정된다는 사실을 잊어서는 안 된다.

TIP ///

남의 밑에서 할 수 있는 셀프 사장 수업

① 회사 전체 업무를 파악하라.

② 일하면서 내 사업의 경쟁력을 준비하라.

③ 깐깐한 사장이 있는 회사에서 일하라.

④ 사람들과 함께 일하는 법을 익혀라.

아티스트에서 사업가까지,
내가 걸어온 길

사람은 어려움 속에서 성장한다.
—제임스 캐시 페니

우리가 연주하는 것은 인생이다.
—루이 암스트롱

"대표님은 돈 벌고 싶어서 입시미술에 뛰어든 거 아니에요?"

"돈만 벌고 싶었다면 그때는 강사로 계속 일하는 게 이득이었지. 큰돈 벌고 싶어서 사업한다는 사람들이 오래 버티지 못하는 데도 같은 이유가 있을 거야. 무슨 일이든 경험을 지속하면서 내가 원하는 것을 발전시켜 나가는 게 더 중요하지 않을까?"

학창 시절 미술대회 입상을 계기로 나의 미술 입시는 시작되었다. 지방 공무원이었던 부모님은 중학교 때부터 나를 도시로 유학 보냈다. 나는 이때부터 '사람들이 나에게 원하는 것은 무엇인가?'에 초점을 맞춰 눈치를 키웠던 것 같다. 그리고 이 눈치는 사업을 할 때 '사람이 원하는 것을 읽는' 내공으로 발전했다.

서양화를 전공하는 미대생으로 대학의 문턱을 넘었다. 서울에 있는 4년제 대학이었지만 간판이 성에 차지는 않았던 시절이었다. 학교를 다니던 1988년 학원에서 학생들에게 입시미술을 지도하는 아르바이트로 나의 사회생활은 시작되었다.

돈을 벌고 학비를 보태는 목적 외에 학생들을 지도하여 대학에 합격시키는 보람은 즐거움 그 이상이었다. 학부모와 학생들이 자신이 원하는 것을 이루고 기뻐하는 모습을 볼 때면 그간의 어려움은 씻은 듯 사라졌다. 나는 그때 내가 천상 선생감이라고 생각했던 것 같다.

즐기는 놈 따라갈 수 없다더니 경험이 쌓이고 학원 안팎에서 인정받으며 요즘 말로 '스타 강사'로 이름을 높일 때도 있었다. 학교생활에서 쓰지 못했던 시간과 노력을 학원에 집중했더니 돈과 인정이 따라왔다. 신기할 정도로 나의 사회생활 입문은 즐거웠다.

사실 학원생활은 부모님과 나의 오랜 꿈이었던 '대학교수'가 되기 위한 사회 경험쯤으로 생각했다. 그렇게 우연히 시작했던 아르바이트였지만 그것을 계기로 사업을 시작할 수 있었고, 지금은 강단에서 학생들을 만나고 있으니 방향이 조금 달라지긴 했지만 어느 정도 목적은 달성한 것 같다.

결국 첫 대학생활은 끝까지 마치지 못했다. 아니 그럴 필요가 없다고 생각했다. 철없던 시절의 변명 같이 들리겠지만, 강사를 하면서 나는 솔직한 말로 학교에 대한 자부심을 갖지 못했다.

나는 아르바이트를 계기로 전공을 바꿔 원하던 대학에 다시 진학했다. 사범대에 진학하고 보니 더욱 많은 것들이 보였다. 사범대에서 공부하며 보낸 시간은 어떻게 아이들을 가르치고 강사를 양성해야 할지 고민하고 그 고민을 조금씩 풀어나가는 시간이었다.

교직 이수 과정을 통해 정규교직원이 될 기회도 있었지만 무엇이든 단시간에 끝장을 보고 마는 내 성격은 학교에서는 너무 요란하게 튀었고, 나 역시 다른 교사들이나 학교의 방침에 맞추는 것이 갑갑했다.

고등학교와 학원 강사를 병행하면서 많은 것을 배우고 경험했다. 언젠가 내가 사업을 할 수도 있다는 마음으로 배웠고, 일했고, 학원을 키웠다. 두 번의 사업 실패를 맛봤지만 지금도 많은 사람이 '미술 입시 명문'으로 기억하고 있는 학원 브랜드는 내 성취의 밑거름이 되었다.

그때는 일한 만큼 보상도 없었지만 내가 가르치는 학생이 잘되고 학원이 점점 커지는 보람에 지치는 줄도 몰랐다. 지금 우리 학원 브랜드의 공동소유자 중 두 명도 이때 만난 인연으로 함께 사업을 시작했고, 지금도 많은 일을 함께하고 있다. 사람들과 함께 일하는 법, 사람이 원하는 것에 집중하는 법도 이때 배웠다.

섬세한 사장이
사람을 성공시키는 법

예나 지금이나 예술가는 배고프다. 지금도 강사로 일하고 싶어서 또는 학원 운영의 어려움을 토로하러 나를 찾아오는 예체능 출신들은 늘 어디서 못 받은 돈이 많다. 까칠하고 예민하지만 늘 손해만 보는 이 친구들은 학창 시절 이름깨나 날리던 수재들이었다.

나는 나의 배고픔과 억울함을 이들에게 물려주고 싶지 않았다. 그렇다고 동정으로 이들을 무능하게 만들고 싶지도 않았다. 나는 이들에게 비즈니스 매너부터 경영 마인드까지 철저하게 주입하고 교육했다. 그리고 성과가 나면 투자금을 회수하기 전에 이들과 보상을 나눴다.

일과 교육을 병행하는 고된 과정을 치르는 이들을 경영자 입장에서 보자면 교육비용과 시행착오를 한꺼번에 견뎌야 하는 거대한 리스크다. 게다가 예술가들은 인내심도 부족하고 의심도 많다. 매력적인 투자처는 아닌 것이다. 하지만 이들과 먼 미래를 함께한다는 생각으로 이윤을 나누다 보니 어떤 믿음 같은 것이 생겼다. 그들이 나를 경영자를 넘어 인생의 동반자로 믿고 따르게 된 것이다.

나는 지금도 이 방침을 지키고 있다. 내가 이 책에서 말하는 이야기 중 어느 것도 나의 실제 경험을 근거로 하지 않은 것이 없다. 내가 함께한 이들을 모두 성공시켰다고 말할 수는 없다. 나의 부족함으로 때로는 상대의 개인 사정으로 목표까지 함께할 수 없었던 적도 많다. 그러나 '사람이 미래다'라는 내 경영 철학을 나는 매일 되새긴다.

"사업을 할 수 있는 사장은 따로 있나요?"

결론부터 말하면 노력하면 누구나 사장이 될 수 있다. 하지만 어떤 마음가짐으로 어떻게 준비하느냐에 따라 사장의 자리가 가진 무게는 달라진다.

여전히 나는 학문도 지식도 많이 부족한 상태로 사업을 하고 있다.

하지만 모든 것을 하나하나 소중히 여기고 사소한 것도 배워가면서 일을 즐기고 사람을 키워나가는 마인드가 나를 성공의 길로 이끌었다고 생각한다. 나만의 이익을 위해 일하지 않고 사람들과 성공을 나누려고 했던 노력이 성공의 밑거름이 되었다고 자부할 수 있다.

　　나의 행보만 보더라도 사장이 꼭 좋은 스펙을 지니고 똑똑한 사람만이 할 수 있는 일이 아니라는 것을 잘 알 수 있으리라. 강점은 더욱 빛날 수 있도록 살리고 부족한 면은 직원들과 함께 채워 갈 수 있도록 끊임없는 고민하고 노력한다면 크게 두려울 게 없을 것이다.

　　다시 시간을 돌린다고 해도 나는 직장생활보다 사업가의 길을 선택할 것이다. 보다 일찍 그 길에 접어든 것을 지금도 다행이라고 생각한다.

　　이러한 생각은 대학원에 진학하며 확신으로 바뀌었다. 내로라하는 스펙을 갖춘 동기들을 보면서 종종 안도의 한숨을 쉰 데는 이유가 있다. '수많은 경쟁을 뚫고 대기업에서 일하며 공부를 병행하던 대학원 동기들과 내가 사회에서 만나 경쟁했다면 과연 나는 버텨낼 수 있었을까?' 하는 생각이 수시로 들었다. 그들의 탁월한 스펙과 뛰어난 역량으로 업무를 수행하는 것을 보고 있자면, 나는 조직 안에서 그들과 싸우며 버텨낼 자신이 없었다.

여러분도 직장생활을 경험해봤다면 조직문화가 얼마나 치열하고 힘든지 잘 알 것이다. 그렇다고 사업이 마냥 쉬운 것도 아니다. 개인적으로 나는 대기업에서 경쟁하는 노력만큼 사업에 열정을 가지고 도전한다면 여러분도 충분히 성공할 수 있다고 믿는다.

TIP

사장을 만드는 개인의 소중한 경험들

① 입시 실패가 인생 실패로 연결되는 건 아니다.

② 사람들이 바라는 나와 내가 바라는 나 사이의 접점을 발견하라.

③ 내 사업으로 사회에 더 큰 기여를 할 수 있다.

성공하는 사장은
행복을 저당 잡지 않는다

저는 미래가 어떻게 전개될지는 모르지만,
누가 그 미래를 결정하는지는 압니다.
-오프라 윈프리

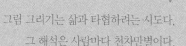

그림 그리기는 삶과 타협하려는 시도다.
그 해석은 사람마다 천차만별이다.
-조지 투커

"최 대표는 사업하면서 가장 후회가 되는 게 뭐예요? 더 큰돈을 더 일찍 벌지 못한 것? 건물을 더 일찍 사지 못한 것? 어떤 거예요?"

"돈에 대한 후회는 없어요. 오직 사람에 대한 후회만 남아요. 소중한 사람들에게 더 잘하지 못한 것이 아쉽죠. 다시 그때로 돌아가면 직원들과 가족들에게 한마디라도 더 진심을 다해 전하고, 밥 한 끼라도 더 나누고 싶어요."

하루가 어떻게 지나는지도 모르게 정신없이 살아가는 사람들이 많다. 한국인의 특성인지는 모르겠지만, 앞뒤 재지 않고 오직 성공해야 한다는 생각으로 직진하는 성향 때문이 아닐까 생각한다.

사업을 하는 사장도 다르지 않다. 각각의 목적과 목표를 가지고 치열하게 경쟁하며 전쟁이라는 표현이 무색하지 않을 정도로 하루하루를 보낸다. '빨리빨리' 정신이 몸에 배어서인지 팀워크라는 것을 보기 힘들고, 오직 자신만 정상에 오르면 된다는 마인드도 강하다.

이 책 여러 곳에서 언급하고 강조했지만 혼자 싸우고 혼자 해결한다는 마음가짐을 내려놓고 직원들과 함께 만들어간다는 마인드를 갖출 때 비로소 멀리, 더 높은 곳을 향해 올라갈 수 있다. 하지만 사업을 하고 있는 사장들이나 직장생활을 하고 있는 직장인들이나 자신들이 왜 일하는지를 까맣게 잊고 일하는 사람들이 많다.

- 죽기 살기로 일한다.

- 주변을 돌아보지 않는다.

- 동료들은 경쟁자이고 직원들은 목표 달성의 도구에 불과하다.

- 직장에서의 행복은 언감생심이다.

- 오직 이기기 위해 일한다.

- 사업과 직장생활을 하는 목적 같은 건 잊은 지 오래다.

- 앞뒤가 뒤집힌 채로 사업을 하고 있다.

하버드대학의 탈벤 샤하르 교수는 이렇게 살아가는 사람들을 '미래의 행복을 위해 현재의 행복을 저당 잡힌 사람들'이라고 했다. 이들은 오직 이기기 위해 하루를 전쟁같이 보낸다. 내일의 행복을 위해 오늘의 행복을 포기한다. 이렇게 한 달을 채우고 1년을 버틴다. 그렇게 직장인들은 정년까지, 사업을 하는 사장들은 사업에서 손을 뗄 때까지 오직 이기기 위해 일한다. 그러나 이들의 미래에 행복은 찾아오지 않는다고 탈벤 샤하르 교수는 역설한다.

그렇게 열심히 일했는데 가족에게서 멀어지고 변변한 친구도 하나 없다. 직장동료나 선후배는 경쟁자일 뿐이다. '무엇을 위해 그렇게 열심히 싸우고 경쟁하면서 일했는가? 왜 그렇게 동료들을 질시하고 그들과 반목하며 경쟁했을까? 왜 주변 사람들에게 그렇게 화만 내고 질책을 했을까?' 시간이 지나 비로소 이런 후회가 찾아든다.

　나 역시 사업을 하면서 앞만 보고 열심히 살아왔다. 하지만 몸이 아파 한발 물러서게 되었을 때 돌이켜보니 부족했던 것들에 대해 조금씩 죄책감이 밀려왔다. 한때는 회한에 잠을 설칠 때도 많았다. 왜 나는 직원들에게 제대로 된 칭찬 한번 못 하고 질책하고 교육하고 지도하는 것에만 매달려 왔을까. 그 시간이 몹시 후회되었다.

　다른 사장이나 임원들이 내가 직원들에게 했던 행동을 똑같이 하는 모습을 보면 안타까운 마음뿐이다. 걸핏하면 화를 내고, 신경질을 부리고, 불평과 불만을 내뱉으며 직원들을 괴롭혔던 것 같다. 다른 사람의 기분은 고려하지 못하고 오히려 일할 동기를 떨어트리는 행동이었다.

　직원들과 함께 멀리 가기 위해서는 부정적인 말이 아니라 긍정적인 말로 기운을 북돋아야 한다. 즐겁게 일할 수 있는 분위기를 만들어주고, 직원을 함께 성장하는 동반자로 생각하는 사람. 이런 사람만이 사장의 자리를 지키며 살아남을 수 있다.

　가족과의 관계에서도 마찬가지다. 가족의 행복을 위해 바쁘게 일했지만 정작 가족에게는 소홀했다. 가장은 그저 돈을 벌어다주는 존재라고 믿었다. 어차피 가족을 위한 것이니까. 그렇게 일만 열심히 해도 가족과의 관계는 저절로 좋아질 줄 알았다. 하지만 환상이었다. 시간이 흘러 일선에서 물러날 시간이 임박하자 그제야 가족들과 직원들이 보이게 되는 것이다.

잘 쉬고 잘 놀아야
성공도 즐길 수 있다

사장이 없을 때 직원들이 새로운 시스템을 만들 수 있는 시간을 보장해야 한다. 내가 아프면서 업무에서 잠시 떨어지자 생각도 못 한 곳이 빠르게 성장하는 것도 보았고, 사장의 손길이 더 필요한 곳도 잘 구분할 수 있었다.

아픈 이후에 가족과 보내는 시간이 많아졌다. 돈만 벌어주면 되는 게 아니더라. 모든 것을 체크하는 것도 가장과 리더의 역할이 아니다. 가족과 함께 호흡하며 가족의 목소리에 귀를 기울이자 가족이 내게 돌아왔다.

사업에서도 직원의 목소리를 많이 듣는 쪽으로 변했다. 예전에는 돈은 많이 줘도 휴가 개념은 약했다. 그러나 지금은 입시철 외에 일주일을 풀로 가동하는 시스템도 막았다. 전에는 근무시간에 다른 일을 하는 것을 용납하지 않았지만 지금은 자기계발 관련 공부라면 허용한다. 실제로 돈을 키우는 법 등에 관한 교육은 내가 직접 진행한다.

미술 강사라는 직업은 안타깝게도 춥고 배고픈 경우가 많다. 그래서 예전에는 원장이 벤츠를 끌고 나타나면 직원들은 뒤에서 수군거렸다. 직원들에게 희망과 기대를 심어주지 못했기 때문이다.

그들도 분명 좋은 차를 타고, 좋은 집에 살고 싶어 한다. 나는 직원들에게 성공한 케이스를 보여주는 데 그치는 것이 아니라 직원들을 실제로 그렇게 만들어주기 위해 노력하고 있다. 성공하면 인생이 달라진다는 이야기는 참 멋지고 말하기도 쉽다. 직원들에게 '나도 하면 된다'라는 기대를 갖게 하는 것. 그 확신을 심어주는 일이 사장의 일이다.

나와 함께하면서 돈을 벌게 하는 것도 관계를 지속하는 중요한 요소다. 나는 돈을 버는 기준에 대한 강의도 많이 하는 편이다. 주식투자, 부동산 경매와 관련된 강의도 몇 차례 했는데, 의외로 열심히 살아야 하는 이유와 열심히 뛰어야 하는 이유를 강의에서 찾았다는 피드백이 많았다. 강의를 들으며 '내가 저 사람을 이길 수 있을까?'라는 생각이 들었고, 이기고 싶다는 마음이 들자 일도 열심히 하게 되었다고 한다. 마음가짐이 달라졌다는 것이다.

일은 행복을 만드는 도구가 되어야 한다. 나중이 아니라 지금. 앞만 보고 달리고 있는 지금. 잠시 멈춰 주변을 돌아보라. 멋진 가장, 존경받는 사장은 업무적인 능력, 경제적인 능력도 물론 중요하지만 무엇보다 함께하는 사람을 배려하고 존중하는 사람이다. 최악의 경우에도 차선의 방법을 고민하고 결과도 생각하지만 과정을 더 중요시하는 사장. 일하는 목적이 분명한 사장. 일 속에서 가족과 함께 즐거움을 만들고 직원들과 함께 행복함을 만들어가는 사장은 분명 일을 통해 행복한 세상을 만들 수 있다.

그러기 위해서는 무엇보다 휴식이 필요하다. 재충전의 기회 없이 죽기 살기로 일만 하는 것은 영혼을 망가트리는 행위다. 함께 멀리 가기 위해서는 사장이든 직원이든 적절한 휴식이 반드시 주어져야 한다. 1년 안에 성과를 내기 위해 물불 안 가리고 달려갈 것인지, 30년 뒤를 보고 함께 멀리 갈 것인지는 당신의 선택에 달렸다.

TIP

사장이 놓치지 말아야 할 것들

① 내일의 행복을 위해 오늘의 행복을 포기하지 않는다.

② 함께 성장하는 직원에게 고마운 마음을 표현한다.

③ 일의 성과와 가족 간의 관계가 비례하지 않는다는 것을 안다.

4장

사장의 자격은

어떻게 만들어지는가

하늘은
스스로 돕는 사장을 돕는다

자신이 성공하는 내면의 그림을 마음속에 명확히 그리고
지울 수 없게 각인시켜라. 이 그림을 끈질기게 간직하라.
절대 희미해지도록 내버려두지 마라.
그대의 마음이 이 그림을 실현하기 위해 노력할 것이다.
당신의 상상 속에 어떠한 장애물도 두지 마라.

—노먼 빈센트 필

그림은 그 자체의 생명력을 갖고 있다.
나는 그것이 완성되도록 배려할 뿐이다.

—잭슨 폴록

"우린 입시 학원이잖아요. 왜 지금 중등 미술까지 준비해야 하죠? 입시에만 집중하기도 빠듯한데요."

"주요 대학이 입시에서 실기를 배제하고 있어요. 이제 학원 사업은 입시에만 초점을 맞춰서는 살아남기 어려울 거예요. 우리라고 초등, 중등으로 확대하지 말라는 법 있나요? 다른 학원이 안 하니까? 우리 고객은 학부모와 학생이지 다른 학원이 아니에요. 미래 고객이 원하는 데 집중합시다."

제대하고 스물여섯에 꿈꾸던 대학에 진학하며 다시 강사생활에 뛰어들었다. 남들보다는 늦은 나이에 다시 시작한 대학생활에서 캠퍼스의 낭만은 사치였다. 전공수업과 아르바이트를 병행하며 하루도 쉬지 않고, 주말까지도 전국을 돌며 학생들을 지도했다. 동기들에게 지독하다는 말도 많이 들었다. 하지만 그 보상으로 돈도 많이 모았다.

여유로웠던 유년 시절에 나는 정말 아무런 문제도 일으키지 않는 아이였다. 부모님의 뒷바라지 덕분에 두 번째 대학생활을 시작할 수도 있었다. 하지만 드라마에서나 볼 법한 일이 우리 가족에게도 벌어졌다. 그것도 두 번씩이나. 부모님이 지인에게 사기를 당한 것이다. 빠른 속도로 가세가 기울고 있을 때 교통사고로 몸까지 불편해지셨다.

이제 더 이상 기댈 곳이 없었다. 나는 '스스로 살아가는 법'을 깨우쳐야 했다. 착하게 열심히 살다보면 잘될 거라는 막연한 기대로 살아가기에 세상은 너무 험난했다.

어린 나이에 그 사건을 겪지 않았다면 지금까지도 부모님에게 기대어 살아가는 평범한 자식으로 남았을 것이다. 부모님에게는 큰 상처를 준 사건이었지만 나에게는 세상과 인생을 다시 돌아보는 전환점이 되었다.

제주도까지 강의를 다니며 두 번째 사업을 위한 밑천을 다시 모으기 시작했다. 이번에는 사촌 형님과 동업으로 나름 규모 있게 시작했다. 사업의 콘텐츠는 내가 맡고 고객 관리와 자금 관리는 사촌 형님이 맡는 것으로 역할을 나눴다.

사촌 형님은 삼성에서 근무했던 경험을 바탕으로 첫 번째 사업에서 부족했던 점들을 꼼꼼히 점검해냈다. 나도 예전보다 자신감이 차 있었다. 그간의 교사생활을 통해 부족했던 사회적 입지와 기본 역량을 보충했다고 믿었기 때문이다.

안일했던 첫 번째 사업의 기억은 극복할 수 있었지만, 두 번째 사업 역시 그럼에도 실패했다. 업계 환경 변화에 제때 대처하지 못했기 때문이다.

준비하지 않는 사장에게 운은 돌아오지 않는다

두 번째 사업의 실패에서 내가 얻은 교훈은 '내가 하고자 하는 사업에 미쳐야 성공한다'는 것이었다. 젊은 나이에 시작한 강사생활이 벌이가 되다 보니 자만심이 생겼던 것 같다. 시대의 흐름을 읽지 못했고 규모에 맞는 조직 관리 시스템도 준비하지 못했다.

학원 사업 시장은 1990년대 초반을 기점으로 팽창해 프랜차이즈 기업이 생기고 상장기업도 나왔다. 중소 규모 학원들은 합병을 통해 대형 학원으로 탈바꿈하고 있었다. 교육 정책에 따라 입시 제도에도 다양한 변화가 생기면서 그에 맞는 전문학원으로 탈바꿈하는 시절이 도래했다.

그러나 우리는 시대적 변화에 적응하지 못했고, 결국 사업을 접을 수밖에 없었다. 입시 제도 변화에 따른 인적 준비에 소홀했고, 고객의 이탈을 막을 수 없었다. 미술학원의 메카라고 할 수 있는 지역에서 규모의 경제에 발맞추지 못한 것도 또 다른 원인이었다.

자기가 하고자 하는 사업에 미쳐 있을 때 시대적 흐름을 읽을 수 있는 통찰력이 생긴다. 안 되면 안 되는 대로 잘되면 잘되는 대로 사업에 집중하지 못하고 다른 생각에 빠지는 경우가 많은데, 그것을 세상이 나에게 던지는 시험이라고 생각하고 극복해야 한다.

사업은 아이디어가 좋지 않아도 성공할 수 있다. 하지만 고객을 모르면 무조건 실패한다. 아이디어의 문제점은 계속해서 보완한다는 마음으로 충분히 극복할 수 있지만 고객의 마음을 얻지 못한다면 아무리 좋은 상품과 아이디어가 있어도 사업을 싱공시킬 수 없기 때문이다.

창업자들의 흔한 착각 중 하나가 뛰어난 상품이나 서비스를 만들어놓는 것이 먼저라는 생각이다. 고객을 찾아나서는 것이 최우선이다. 고객을 먼저 이해하고 고객이 원하는 상품이나 서비스를 내놓아야 사업의 리스크를 줄일 수 있다. 현장과 고객의 마음을 읽지 못하고 책상물림으로 아이디어와 상품을 개발한다면 사장의 생각을 고객의 생각으로 착각하는 잘못을 저지를 수 있다.

모든 답은 현장에 있다. 고객이 무엇을 원하고 정말 필요한 것들이 무엇인지 철저하게 조사하여 상품 개발에 집중했을 때 진정으로 고객이 원하는 상품이 나올 수 있다.

나 역시 시행착오와 실패를 거듭했다. 그 과정에서 금전적 손실을 입기도 했고, 시간을 허비하기도 했다. 내가 얻은 결론은 이것이다. 현장에서 고객의 니즈를 정확하게 파악하지 않고 내 생각에 고객이 맞춰주길 바란 것이 잘못이었다. 조금 더 일찍 이 사실을 깨달았다면 두 번째 실패는 경험하지 않았을 것이다.

중국 진출 때도 그랬다. 학원 사업이 안정기로 접어들자 내 아이템과 생각에 자신감이 생겼고, 중국에서도 똑같은 결과를 얻을 수 있을 것이라 믿었다. 결과는 예상했겠지만 대참패였다. 중국과 한국은 완전히 달랐다. 사업에 대해 아무것도 모르는 사람처럼 내가 꿈꾸는 그림에 중국 고객이 맞춰질 것이라고 기대한 자신이 원망스러웠다.

　내가 직원을 교육할 때 매번 잊지 않고 하는 말이 있다. "철저하게 준비를 마친 후 고객을 만나라." 사장을 준비하는 여러분에게 딱 한마디만 해야 한다면 이 말을 할 것이다. 수백 번 강조해도 지나치지 않은 사업의 기본이다.

TIP ━━━━━━━━━━━━━━━━━━━━━━━━━━━━━━━━

성공을 준비하는 사장의 자세

① 스스로 살아가는 법을 배운다.

② 목적과 목표를 분명히 한다.

③ 일이 잘 돌아갈 때 놓치고 있는 부분을 점검한다.

④ 실패를 분석한다.

인생 최고의 브랜딩은
사장이 되는 것이다

성공이 그렇게 달콤한 것은
결코 성공하지 못하는 사람들이 있기 때문이다.
-에밀리 디킨스

기술은 예술을 필요로 하지 않는다.
그러나 예술은 기술이 필요하다.
-발터 그로피우스

"주인의식을 갖고 사장 마인드로 일하라고 몇 마디 했다가 꼰대 사장 이야기나 들었지 뭔가. 세상이 많이 변했어."

"예전에도 사장 마인드 이야기하면 좋아하는 직원이 없었지. 남다르게 일하는 직원이 사장이 되는 것을 실제로 보여줘야 해. 나는 그런 직원이 있다면 언제고 투자할 용의가 있어. 말뿐이 아니라는 것을 보여줘야 그 직원도, 우리 회사도 브랜드가 되는 거야."

두 번째 사업에 실패하고 나는 모든 것을 정리했다. 정리 당했다는 말이 맞는지도 모르겠다. 교사로, 학원 강사로 다시 떠돌이생활을 시작했다. 편히 몸을 뉘일 공간조차 없었다. 막 결혼한 형님의 김포 신혼집에 얹혀살아야 했다. 새벽밥을 먹고 출근해서 새벽 2시나 되어야 퇴근하는 하루가 반복되었다.

그 시간을 버티게 해준 것은 다시 일어나겠다는 의지 하나였다. 30대 초반이 되어서야 서울생활을 접고 절친한 선배의 권유로 인천에 터를 잡고 세 번째 사업을 시작했다. 처음 1년은 강사로 선배를 도왔다. 이후 브랜드 대표 원장님에게 신규 학원 원장 자리를 제안 받았고, 그대로 세 번째 사업이 시작되었다.

350평이 넘는 규모의 학원에서 월급 원장생활을 시작했다. 그동안 강사생활을 하며 모은 자금에 지인들의 도움을 보태 시작한 사업은 지금의 자리를 만들어주었다. 내가 직접 학원에 조금씩 투자하며 성장시킨 덕에 자리도 비교적 빨리 잡았다. 나만의 확고한 신념과 철학으로 투자자들의 신뢰를 얻었다.

직원들에게도 많이 이야기하는 내용이지만 직장인이라도 그만한 능력을 갖추고 노력을 게을리하지 않는 사람이라면 나는 그 사람에게 투자할 의사가 있다. 스스로의 몸값에 책임을 지고 자신의 이름을 떳떳하게 브랜딩할 수 있는 능력은 누군가의 도움으로 얻어지는 것이 아니다. 스스로 만들어가는 것이다.

자신의 처지를 한탄하지 말고 회사 일도 내 일처럼 사장 마인드로 집중하고 노력하다 보면 직장동료나 상사를 비롯해 여러 관계자의 눈에 띌 것이다. 언제 어디에서 기회가 찾아올지 아무도 모른다. 설령 누구 하나 도와주지 않는다고 해도 스스로 미래의 사장이 되기 위해 한 걸음 한 걸음 내딛는다고 생각하고 일한다면 일도 즐겁고 능률도 올라갈 것이니 열심히 일한다고 손해 볼 것은 없다.

매사가 사업을 준비하는 과정이라고 생각하면 사소한 것도 헛되게 보이지 않는다. '내가 사장이라면'이라는 생각을 갖게 되면 사장 준비를 절반 이상 마쳤다고 볼 수 있다.

나의 노력이 곧
내 브랜드의 자양분이다

10%도 안 되는 지분을 가지고 월급 원장을 맡아 시작했지만, 곧 내가 없으면 안 되는 결과를 보여주면서 내 브랜드를 만들고 확장했다. 지금까지 20여 개 직영 사업장을 운영할 수 있었던 것은 항상 내 브랜드를 만들기 위한 준비 덕분이었다.

"학원이 이런 데가 다 있어?"

나는 고객이 우리 학원을 바라보는 관점이 이랬으면 좋겠다. 대한민국 대표 미술학원이 아닌 미술학원 이상의 곳으로 보였으면 좋겠다. 동네 학원이 아닌 고급스러운 이미지. 학원에 보내는 것만으로도 학부모가 프라이드를 느낄 수 있는 학원을 꿈꿨다.

"학부모에게 교육 내용을 보내는 문자는 몇 시에 발송하는 게 좋을까?" 이런 질문을 던지면 직원들은 당황한다. 실제로 나는 이런 것 하나하나 챙긴다. "학부모들이 주로 모여 브런치 먹는 시간을 알아보고 그 시간에 문자를 보내세요." 학부모끼리 모여 있을 때 아이의 그림을 담은 문자가 학원 브랜드와 함께 전송된다면? 그 이후 상황은 독자의 상상에 맡기겠다.

브랜딩이 되려면 홍보와 마케팅이 자연스럽게 이루어지도록 해야 한다. 우리 학원은 명절 때 학생들에게 과제를 많이 준다. 명절이라고 공부를 게을리할 수 없기 때문이기도 하지만 모처럼 어른들이 집에 모였을 때 과제에 집중하는 우리 원생의 모습을 어른들이 주목해주길 바라는 마음으로 과제를 내기도 한다.

"이 집 애가 미대 진학을 준비하나보네."

"명절에도 이렇게 열심히 할 정도로 집중해서 공부하고 있구나."

"학원은 어디 다닌다고? 아, 거기? 거기서 이렇게 열심히 준비를 시키는 거야? 대단하네!"

이렇게 학생과 학부모뿐만 아니라 미래 고객이 될지 모르는 지인과 친지에게 우리 브랜드가 노출되는 접점을 관리하는 것이다.

이 모든 생각의 시작과 실행은 내가 직접 학생들을 지도하고 학부모를 만나보지 않았으면 알 수 없는 디테일이다. 이러한 경험이 모여 나는 사장이 되었고, 나는 업계 최고 브랜드를 만들었다.

직원이 느끼는 브랜딩은 달라야 한다. 근무하는 사람의 프라이드와 학생이나 학부모가 느끼는 프라이드는 다르다. 나를 성공시켜주는 브랜드. 직원들은 동반성장이 가능하다는 점을 좋아한다.

사장과 직원이 같이 성장한다는 것을 실제로 보여주어야 한다. 직원의 충성도는 그들이 회사와 함께 성장할 때 높아진다. 그제야 회사를 믿고 같이 가는 것이다.

지금은 나와 똑같은 마인드로 사업을 펼치는 우리 학원의 원장이 있다. 내가 생각하는 것을 거의 완벽하게 받아들여서 말투, 행동까지 나를 연상하게 만들 정도인데, 처음부터 그랬던 것은 아니었다.

처음 봤을 때는 비관적이었고, 피해의식이 강했다. 다른 학원에 있다가 우리가 그 학원을 인수하면서 부원장으로 나와 일하게 되었는데, 나를 만난 후 모든 것이 변했다. 우리 시스템을 자기 일처럼 받아들인 후 짧은 시간에 원장이 되었고, 내가 새로운 구상을 하면 그 아이디어를 실현시키는 역할을 하며 사업을 함께 키웠다. 우리 사업이 지역을 분리하면서 지금은 그 지역의 대표 원장을 맡고 있다. 직원으로 만나 회사와 동반성장을 한 대표적인 케이스다.

TIP ▰▱▰▱▰▱▰▱▰▱▰▱▰▱▰▱▰▱▰▱▰▱▰▱▰▱

나만의 브랜드를 만드는 태도

① 스스로 미래의 사장이라고 생각한다.

② 내가 꿈꾸는 미래를 상상한다.

③ 상상한 미래를 실현시키기 위한 행동을 한다.

④ 꼼꼼한 디테일까지 놓치지 않는다.

5장

구멍가게 장사꾼도
알아야 할
사업의 기본

성공의 밑거름이 될
체계를 구축하라

발견은 준비된 사람이 맞닥뜨린 우연이다.

—알버트 센트 디외르디

천재들을 움직이거나 그들의 작품에 영감을 주는 것은
새로운 아이디어가 아니라
이미 알려진 것들이 아직도 충분치 않다는 강박관념이다.

—외젠 들라크루아

"이번 달 학원을 그만둔 친구들이 떠날 때 담당자나 원장이 직접 편지는 챙겼나요? 학부모님에게 DM도 보내고 안부 연락도 드리고 있죠?"

"퇴원생이라 미처 신경 쓰지 못했는데요. 죄송합니다."

"업무 매뉴얼에 기재된 사항은 모두 실행하고 기록하세요. 관리되지 못한 퇴원생 1명이 적게는 10명에서 20~30명의 입학을 막습니다."

작은 장사부터 글로벌 기업까지 사업을 지탱하게 해주는 것은 시스템과 매뉴얼이다. 아주 기본적인 것부터 일반 직원들이 수행하기에는 어려운 의사결정까지 모든 회사는 시스템으로 움직인다.

회사마다 시스템을 얼마나 잘 구축하고 업무에서 실행하느냐에 따라 성공의 폭이 달라진다. 직원이 적으면 적은 대로 많으면 많은 대로 개인과 그룹의 업무 프로세스를 정해주고 공유할 때 회사가 원활하게 돌아간다. 사업의 지속 가능성 또한 만들어놓은 시스템을 직원들이 얼마나 잘 공유하고 실행하는가에 달려 있다.

시스템과 매뉴얼을 만드는 것은 사장의 가장 중요한 역할이다. 회사 시스템은 크게 내부 요소와 외부 요소로 나눌 수 있다. 외부 요소로는 회사에서 가장 중요한 업무 프로세스가 무엇인지, 주 고객의 성별·연령·직업군은 어떠한지, 어떠한 마케팅 전략을 활용하여 고객을 유치할 것인지, 유통은 어떻게 할 것인지 등을 들 수 있다. 내부 요소에는 사내 규정, 상벌 규정, 업무 역할 분담, 회사와 직원 간 계약서 등이 포함된다. 시스템 운용 전략은 이러한 내외부 요소를 고려하여 수립해야 한다.

작은 사업이라 하더라도 업무 매뉴얼을 정확하게 만들면 직원들이 회사를 생각하는 마음가짐과 업무를 처리하는 역량에도 영향을 미친다. 예를 들어 개인적인 친분을 회사 안으로까지 끌고 들어와 다른 직원의 신뢰와 의욕에 나쁜 영향을 미치는 경우가 있는데, 이때 필요한 것이 공과 사를 명확하게 해주는 매뉴얼이다. 회사에서의 역할과 책임을 정확하게 규정하면 이러한 문제를 예방할 수 있다.

특히 사업 시작 단계에서 사규, 계약서, 업무 프로세스 등을 등한시하기 쉬운데, 문서만큼은 중요하게 생각하는 습관을 가져야 한다고 당부하고 싶다. 나도 계약관계를 포함한 직원의 역할 분담에 따른 프로세스를 제때 정리하지 않아 뼈아픈 경험을 겪어야 했다.

모든 경우의 수를 철저하게 계약서에 명시하고 정리해놓는 것 역시 회사를 설립하는 것 이상으로 중요하다. 급여, 인센티브, 퇴직금, 연차, 병가, 경조사, 포상 등 인사 규정을 비롯한 필요한 모든 사안들을 직원들에게 공개하여 오해나 피해의식이 들지 않도록 해야 한다. 사업 시작 단계부터 이렇게 시스템을 갖추면 직원들은 회사가 자신을 함부로 대한다고 생각하지 않는다. 이러한 인식은 회사에 대한 자긍심으로 이어져 회사의 성장에도 도움이 된다.

시스템을 구성원들과 공유하지 않거나 제대로 활용하지 못한다면 잘 갖추어진 시스템도 무용지물이 될 수밖에 없다. 경력직 직원을 채용하더라도 우리 회사에 맡는 역할과 업무 프로세스를 교육할 수 있도록 오리엔테이션을 해주는 담당자가 필요하다. '경력직인데 알아서 하겠지'라는 생각으로 경력자를 방치했다가 어렵게 구한 인재가 바로 떠나는 경우가 우리 학원에서도 발생한 적이 있다.

창의적인 인재도 일하게 만드는 사장의 시스템

문서화와 매뉴얼의 개념이 전혀 잡혀 있지 않은 것은 미술하는 사람만의 문제가 아니다. 타임테이블별로 무엇을 어떻게 해야 하는지 알려주어야 할 정도로 체계화되지 않은 사람들을 일하게 만드는 방법에 대해서 나는 누구보다 잘 알고 있다.

이런 부류의 사람들은 매뉴얼을 따를 때 역할을 수행한다는 느낌을 받는다. 상담은 언제 해야 하는지, 학생은 어떻게 다루어야 하는지 등 많이 발생하는 상황에 대처하는 법만 잘 정리하고 공유해도 학원은 돌아간다. 회사에 들어오면 당연히 해야 하는 업무라고 그저 잘하겠지 하고 생각한다면 오산이다.

생각보다 구체적으로 명시하고 체크해야 사람들은 할 일을 제대로 인식한다. 누가 지키고 있는지, 누가 지속하고 있는지, 누가 체크해야 하는지, 이런 지속적인 관리가 있을 때만 사람은 일을 하고 회사는 돌아간다.

그렇다고 잘 돌아가는 회사의 업무 매뉴얼을 무조건 가져다가 베낀다고 되는 일은 아니다. 우리 업무 매뉴얼을 구해다 적용하려고 노력해봤다는 학원 이야기도 들어봤지만 매뉴얼은 실행하는 사람이 업무 하나하나를 이해하지 못하면 그저 종이일 뿐이다.

직원들은 업무 매뉴얼의 존재만으로도 일하고 있다는 느낌을 받는다. 우리 학원의 업무 매뉴얼을 처음 받으면 당황하는 사람들이 많다. 이렇게까지 꼼꼼하게 다 해야 하는지 당황하지만 곧 매뉴얼의 존재 자체에 안도감을 갖는다.

사원부터 임원까지 어떤 일을 해야 할지 눈치 보게 만들지 말자. 나는 2014년에 처음 매뉴얼을 만들었다. 물론 처음부터 완벽하지는 않았다. 현재 우리가 쓰고 있는 최신 버전은 4~5년을 준비해서 녹여낸 결과물이다.

섬세한 사장이
직원을 일하게 만드는 법

예술가들은 문서에 약하다. 반면 창의적인 교육을 받아왔으므로 창의력은 완비하고 있다. 작품 활동에 집중했던 사람들에게 서비스 마인드를 심는다는 것은 얼핏 불가능한 일처럼 느껴질 것이다.

그러나 서비스업에도 창의력이 필요하다. 새롭게 바라보면 더 개발될 여지가 많다는 의미다. 일반 직장인들은 정답에 가까운 답안만 이야기하지만 예술가형 인재는 엉뚱하지만 새롭다. 그걸 어떻게 받아서 발전시키는가가 사업의 관건이다.

섬세한 예술가형 인재들은 이야기도 그림 그리듯이 하는 경우가 많다. 백지에 한 붓 한 붓 새로운 세계를 만드는 그림처럼 사업도 새로운 아이디어를 조력자가 계속 이끌고 발전시키는 게 중요하다. 새로운 제안이 넘쳐나는데 사장이 왜 발전을 못 시켜주는가? 섬세한 사장은 이런 창의적인 생각을 자기 그릇에 잘 담아야 한다.

"새로운 거 없어? 없는 걸 좀 이야기해 봐."

업무보고 때 내가 종종 하는 질문이다. 잘하고 있는 것을 확인하는 일도 중요하지만 우리만의 것을 더하고 뺄 것을 생각해야 한다. 나는 식당에서 서빙을 보는 사람들에게도 창의력이 필요하다고 생각한다. 만약 아니라고 생각한다면 당장 근처 식당에 가서 서빙하는 사람들을 관찰해보라고 이야기하고 싶다. 음식을 손님한테 내오는 단순한 일이지만 모든 사람들이 같은 방식으로 일하고 있는가? 답은 여러분의 해석에 맡기고 싶다.

사무력은 다소 떨어지지만 창의력이 넘쳐나는 창의적인 인재들과 일하다 보니 우리 학원은 디자인실에 넘겨서 다시 수정해야 하는 것들도 그 자리에서 바로 수정하고 실행하고 적용한다. 그 자리에서 바로 오케이 사인이 떨어질 수 있도록 일하는 것이다. 이러한 업무방식으로 되냐 안 되냐 등 논리적인 것을 따지는 과정을 넘어 창의적인 결과를 낼 때가 많다.

주변 사업가들에게 이런 이야기를 하면 예술가형 인재들에게 일을 시키고 난 후 겪은 새로운 고충을 털어놓는다. 엔지니어 등 일반 직군의 사람들과 디자이너들이 섞여 앉아 있으면 의견을 개진하지 않는다는 것이다.

그 사람의 생각을 이끌어내려면 그 사람 자체를 알아야 한다. 핵심을 알아보는 능력, 이것이 관리자와 사장이 갖춰야 할 덕목이다. 입을 열지 않는 사람에게 '난 항상 너의 생각을 기다리고 있다'는 메시지를 던져주어야 한다. 회의를 할 때 누구는 메모를 하고 있지만 누구는 그림을 그리고 있지 않은가? 섬세한 사장이라면 말 한마디로 입 다물고 있는 사람들의 생각을 흔들어줄 수 있어야 한다.

나는 섬세한 사장이 되고 싶어 하는 사람들에게 직원들의 남다름을 알아보라고 말한다. 알아봐주지 않으면 그 사람을 써먹을 수 없다.

나를 보듯 그 사람을 보면 안 된다. 예술가를 앞혀놓고 기술, 경영 이야기를 하면 안 된다. 그 사람의 관심사를 파악하고 잘하는 것을 이끌어내야 한다.

아내가 갤러리 카페를 운영하다 보니 재미있는 일화를 많이 듣는다. 갤러리 직원은 일반 전공자와 디자인 전공자가 섞여 있는데 예술가형 인재들에게 영감을 얻는 경우가 많다고 한다. 일반 직원은 하던 대로만 일한다면, 디자인 전공자들은 확실히 컬러 감각부터 생각하는 것까지 남다른 경우가 많다고 한다. 하지만 그 가치를 몰라보는 관리자를 만나면 이들의 가치는 영원히 묻힐 것이다.

하다못해 휴일 공지 하나를 만들어도 남다르게 만들어 사람들이 사진을 찍어가고 싶을 정도로 만드는 직원이 있다고 생각해보자. 일반 직원들까지 흥분시킬 정도로 아이디어가 좋다면? 이런 아이디어 하나하나가 모여 쌓이면 그 사업은 대단한 차별점을 만들 수 있지 않을까?

TIP

일하고 싶은 회사를 만드는 섬세한 업무 매뉴얼

① 사장이 없어도 돌아가는 회사를 만든다는 마음가짐으로 시작한다.

② 처음부터 완벽한 매뉴얼을 만든다고 생각하지 말자. 꾸준히 업데이트해야 된다.

③ 매뉴얼을 실행하되 직원 한 사람 한 사람을 알아봐주는 마음으로 특성을 끌어내자.

한 발 앞서 보고
반 보 앞서 실행하라

디자인이란 움직이는 과녁을 맞추는 일이다.
미래의 트렌드를 읽어야 한다.

－김영세

멋진 발명품이 아무리 많아도
상상력이라는 필수 요소를 대신할 수는 없다.

－에드워드 호퍼

"대표님. 교육 사업은 비교적 안정적인 사업인 것 같아요. 자녀의 교육 문제는 대한민국 학부모의 최대 관심사이고, 아무리 경제가 어려워도 제일 나중에 줄이는 것이 자녀 교육비라고 하잖아요."

"글쎄요. 그 동안 교육 사업도 많은 변화 속에 살아왔다고 생각해요. 앞으로 4차 산업혁명으로 교육 사업도 달라질 수 있죠. 새로운 트렌드 변화에 준비할 수 있도록 계획이 필요할 거예요."

세상이 무섭게 변한다는 것은 누구나 피부로 느낄 수 있을 것이다. 이러한 변화 속에서 살아남기 위해 사장들은 어떠한 준비를 하고 있을까?

IT 강국이라는 명성 이면에는 트렌드 역시 하루가 다르게 변화하는 세상에서 살고 있다는 의미가 있다. 업종에 따라 차이는 있겠지만 변화하는 트렌드에 맞춰 살아남고 나아가는 것이 녹록치 않다는 사장님들의 푸념을 많이 들을 수 있다. 이 역시 사장들이 짊어질 무게라고 생각한다. 시대를 따르지 못하면 도태되고 사업의 지속 가능성을 보장받기 어려운 것이 현실이다.

전문가들은 4~5년 내에 산업 생태계 역시 완전히 변화할 것이라고 말한다. 노동인구의 60% 이상은 현재 존재하지 않는 일자리에서 일하게 될 것이라고 한다. 이렇게 변화하는 세상에 맞춰 비즈니스 전략에 수정이 필요하다는 것은 사장이라면 누구나 알 것이다. 사업을 준비하는 예비 사장의 경우 업종별 트렌드를 읽지 못한다면 사업의 첫 삽조차 뜨지 못할 수 있다.

섬세한 사장이
미래의 기회를 발견하는 법

학원의 가장 큰 리스크는 그 해의 입시 결과다. 입시가 망하면 학원은 문을 닫는다. 나는 이러한 리스크를 줄이기 위해 1~2년 먼저 입시를 준비하는 예비반 활성화라는 패러다임의 변화를 주었다.

이러한 변화는 입시가 중심이었던 우리 학원이 한 단계 성장하는데 한 몫을 했다. 나의 계획은 예비반에 그치지 않았다. 다음 단계는 중등교육 시장이었다. 사실 중3부터 고1까지는 직업에 대한 고민이 많은 중요한 시기다. 하지만 우리가 나서기 전까지 중등 미술교육 시장은 동네 학원 수준이었다.

우리는 '내 꿈이 이루어지는 곳'으로 브랜드 이미지를 설정하고 직업에 대한 고민을 안고 있는 고객에게 우리 브랜드를 각인시키기 위해 중학생부터 차근차근 공략했다. 결과는 대성공이었고, 고객의 요구에 따라 초등교육까지 분야를 확장했다.

우리 학원은 입시로 자리를 잡았지만 이러한 패러다임의 변화를 통해 초등학생부터 고등학생까지 고객을 확장했고, 학부모들에게 '우리 아이의 꿈을 이룰 수 있는 곳'이라는 믿음을 주는 데 성공했다.

나의 사업 확장은 연령별 확산에서 멈추지 않았다. 학부모나 학생은 이제 입시에만 만족하지 않는다. 대학을 가도 취업하기 어려운 세상이다 보니 취업을 위한 미술교육도 필요한 것을 알 수 있었다.

입시도 입시지만 대학이나 기업은 취업을 목표로 협업해야 한다. 시장이 원하는 것이 계속 바뀌고 있는 시점에서 취업 시장에 맞는 학원이 필요하다고 생각했다. 이런 취지에서 대학의 디자인과 애니메이션 전공 신설도 돕고 있다. 기업은 웹툰 작가뿐 아니라 뛰어난 전공자를 소개받고 싶어 한다. 기업이 원하는 인재를 육성하기 위해 교육센터도 운영한다. 나는 이미 15년 전부터 취업 시장을 고민했다.

입시가 미술교육의 전부일까? 교육 정책이 바뀌면 패러다임이 바뀐다. 주요 대학에 실기가 없어지고 학종이 없어지면 학종 학원은 살아남을 수 있을까? 이런 리스크를 안고 있는 게 학원 비즈니스다. 입시미술이 무너지면 우리 직원, 강사들은 누가 책임질 것인가? 나는 입시미술 외에도 가르칠 수 있는 제2의 제3의 수업을 준비하라고 강사들에게 업무시간을 할애해 시간을 준다.

미래에는 '취업에 뛰어난 디자인 학원'으로 우리가 탈바꿈해야 할지도 모른다. 아직도 입시에만 집중하고 있다면 이런 고민을 할 수 있었을까? 내가 학원 원장에만 그쳤다면 이런 예측이 가능했을까? 변화에 대처해야 하는 이 모든 것이 비즈니스의 영역이다.

예술가형 인재들이 취약한 부분이 한 가지에 빠지면 헤어나오지 못한다는 것이다. 지금 주목받는 것이 10년 후에도 주목받을 수 있을까? 변화하는 시장에 대한 준비를 해야 사업을 지속할 수 있다.

가끔 주변에 새로운 학원이 생기면 원생의 이탈을 두려워하고 좋은 강사를 뺏길까 봐 두려워하는 원장들을 본다. 한심하게 느껴진다. 다른 학원에서 원생들을 어떻게 빼올까? 다른 학원의 강사를 어떻게 데려올까? 안일한 생각이다. 사업을 하려면 출발점부터 달라야 한다. 고깃집 사장은 최고의 고기를 준비해서 고객이 우리 집 고기 맛을 알게 만들어야지, 옆 삼겹살집 고객을 빼올 생각에 사로잡혀서는 안 된다.

모든 비즈니스에 이러한 사고가 적용되어야 한다. 10년 후에도 사장으로 살고 싶다면, 아끼는 직원들과 함께하고 싶다면 앞으로 변화할 고객들의 생각, 문화를 읽는 탐구심과 변화를 두려워하지 않는 실행력이 필요하다.

TIP

변화하는 시장에서 살아남는 사장의 생각

① 잘되고 있다고 생각할 때 무엇이 부족한지 살펴보자.

② 우리 고객의 10년 후를 내다보며 서비스와 타깃을 확장하자.

③ 경쟁상대는 동종 업계 밖에 있다고 생각하자.

사장부터
최고의 마케터가 되라

우리는 원하는 것을 얻기 위해 시장에 가는 것이 아니다.
우리가 원하는 것이 무엇인지를 알기 위해 시장에 간다.

—대니엘 부어스틴

예술은 커뮤니케이션 기술이다.
이미지는 모든 커뮤니케이션 기술 가운데 가장 완벽한 것이다.

—클래스 올덴버그

"안녕하세요. 분식점 사장님이시죠? 바로 옆 미술학원에서 왔습니다. 우리 학생들이 오면 할인해주실 수 없을까요? 학생들이 많아서 사장님에게도 도움이 되고 저희도 아이들에게 편의를 제공할 수 있어서 좋은데요. 옆의 문구점이랑 편의점도 동의하셨어요."

"아, 그 학원에서 나오셨구나. 대표님이 직접 뛰세요? 대단하시네. 안 그래도 그 학원 들어오고 우리 매출이 20%는 증가했어요. 고마워서 인사라도 가려고 했는데 이렇게 먼저 오시고, 할인해드리죠. 좋습니다!"

사업은 생존게임이다. 치킨집 사장님들도 반경 3km 안에서 고객을 확보하기 위한 치열한 마케팅 전쟁을 벌이고 있다. 경쟁은 어느 산업에서든 치열하다. 우리나라 창업 통계를 보면 창업가들의 1년 내 폐업률은 30%대, 2년 내 폐업률은 50% 이상, 3년 내 폐업률은 70% 이상이라고 한다. 특히 소자본 창업은 3년까지가 고비다. 이른바 죽음의 계곡이다.

그런데 3년만 버텨낸다면 자생력이 길러져 폐업률은 떨어진다고 한다. 소비자의 욕구가 다양해지다 보니 소비자의 욕구에 발맞추기 위한 마케팅 전략도 지능적으로 변하고, 살아남기 위한 몸부림은 더욱 치열해질 것이다.

현실이 이렇다 보니 현장에서 항상 느끼는 고민 중에 하나가 바로 마케팅이다. 젊은 직원들은 SNS나 모바일에 대한 이해가 높아 IT 기술을 접목하는 능력이 뛰어나지만 사장이 원하는 전략과 방향에 맞추기를 어려워한다. 반면 사장들은 현재 업종과 소비자에 대한 경험과 이해가 높지만 IT 기술을 활용하기 어려워한다. 서로의 장점과 단점이 어긋나다 보니 기술의 발전만큼 마케팅이 발전적인 방향으로 흐르지 못하는 것 같다.

이러한 상황에서 사장들에게 "누구보다 부지런하게 열정을 갖고 공부해야 한다"고 조언해주고 싶다. 고객을 최우선으로 두고 꾸준한 공부를 할 때만이 시장에서 살아남을 수 있는 마케팅 포인트를 건질 수 있으며, 다양한 공부를 하고 젊은 직원들과 많은 대화를 나눠야 IT 기술로 사장이 원하는 바를 실행해주기 때문이다.

나는 지금도 신문, 잡지, 책 등을 열심히 찾아서 읽는 것은 물론 길거리 광고판이나 화장실에 붙어 있는 좋은 글귀, TV를 시청하면서 접한 광고 하나 허투루 넘기지 않는다. 메모하고 사진을 찍고 바로바로 마케팅 전략에 접목하고 실행한다.

삼성을 이기기 위한 마케터의 마음으로 일하라

세상에는 숫자로 헤아릴 수 없을 정도로 다양한 업종과 직업들로 넘쳐난다. 학원 사업으로 첫발을 내딛기는 했지만, 사업을 다각화하며 다양한 업종의 사업을 직간접적으로 경영해볼 수 있었다. 이 과정에서 사업의 종류는 다르더라도 사업의 기본은 일맥상통한다는 것도 깨우치게 되었으며, 사업에서 가장 중요한 사장의 역할을 다시 인식하게 되었다.

대기업에서 운영하는 대형마트가 골목상권까지 잠식하고 있다는 뉴스는 익숙할 것이다. 대형마트와 골목상권 규모는 다르지만 사업은 같은 맥락에서 출발한다. 골목시장에서 파는 제품과 백화점에서 판매하는 제품은 다를 수 있지만 소비자들이 원하는 것은 다르지 않다. 비록 우리가 대기업은 아니지만 고객이 원하는 것을 연구하고 제품을 발전시키고 고객을 사로잡는 마케팅 전략으로 백화점에서 판매하는 제품보다 좋은 제품을 제공한다면 고객은 우리의 손을 잡아줄 것이다.

중소기업이기 때문에 대기업과 다른 방식으로 사업해야 한다는 마인드는 버렸으면 한다. 같은 업종에서 1등을 하고 있는 기업에서 해답을 찾지 말고 대한민국 아니 세계 최고의 기업을 바라보고 경영한다는 마음을 가져야 성공할 수 있다.

나는 지금도 우리 학원이 삼성에 버금가는 회사가 되어야 한다고 모든 운영진과 직원들에게 지겹도록 교육한다. 말로만 그러는 것이 아니다. 시스템, 전략, 교육까지 우리는 다른 학원이 아니라 삼성이 경쟁자라는 생각으로 무장한다.

이렇게 10년 이상을 달려오니 어느덧 동종 업계에서는 따라오기 힘들 정도가 되었다. 모든 직원들이 같은 마음가짐으로 대기업의 경영을 벤치마킹하여 고객에게 다가섰더니 같은 학원 업계에서는 상상할 수 없었던 아이디어와 전략들이 나올 수 있었다.

처음 시작할 때는 우리 브랜드가 고객들에게 생소했을 것이다. 그러나 현재는 미술학원 업계에서는 단연코 대한민국 1등이라는 것을 자신 있게 말할 수 있다.

동종 업계만 의식하면 발전할 수 없다. 삼성에서 미술학원을 한다면? 백화점과 슈퍼마켓의 다른 점이 뭘까? 다른 미술학원이 슈퍼마켓이라면 우리는 백화점처럼 느끼게 만들고 싶었다. 어설프게 따라하는 게 아니라 모든 것이 명품관과 같아야 한다.

사장들은 자기 기준, 자기 생각에 사업을 맞춘다. 대중과 우리의 고객이 느끼는 것을 읽어내야 한다. 작게는 화장실에 붙어 있는 문구하나, 청소 상태 점검표까지 대기업의 것을 벤치마킹하라. 나는 우리 브랜드를 달고 싶어 하는 원장이 운영하는 학원에 가면 화장실부터 들어가 본다. 화장실이 더러우면 더 볼 것도 없이 브랜드를 내주지 않는다. 기본 준비조차 되어 있지 않는 사람과 일하고 싶지 않기 때문이다.

고객의 마음으로
미술학원 같지 않은 미술학원을 만들다

고객의 마음으로 돌아보자. 내 자식을 맡기는데 이 정도의 비용을 지불할 가치가 있는가? 나는 상담실장의 복장까지 체크한다. 선생님들 복장도 교육자로서의 기본이다. 우리는 시작부터 지금까지 직원의 복장은 정장으로 통일시켰다. 이러한 노력 하나하나가 사람들의 인식을 바꾸기 시작했다.

명품관에 가면 직원 명찰마저 다르다. 생각을 실행에 옮기기 위해 나는 명찰 하나, 공문 하나하나까지 확인했다. 직원들에게 고객의 마음으로 보라고 한다. 문구 하나, 디자인 하나, 받는 봉투 하나까지도 달라야 한다. 상담할 때의 절차, 앉는 자리조차 달라야 한다.

지금도 가끔 지점들을 돌아볼 때면 나는 직원이 안내하는 상석에 앉지 않는다. 내가 고객이라는 생각으로 고객이 앉는 자리에 앉아 동선과 시선을 체크한다. 신기하게도 그 관점이 세부적인 많은 것을 바로잡게 만든다.

식당 사장이라면 오늘 당장 카운터에 앉지 말고 식당의 가장 후미진 자리에 앉아봐라. 상담실장이라면 상담하는 자리가 아니라 상담 받는 자리에 앉아봐라.

한번은 잘되는 식당의 사장이 신발장 앞에 서서 손님의 신발을 정리하는 것을 봤다. 오가는 사람에게 던지는 대화에도 주목했다. 가장 낮은 곳에서 일하고 있었지만 누가 봐도 그는 사장이었다. 대화 하나, 시선 하나, 손님의 신발을 기억하는 매무새 어느 것 하나 특별하지 않은 것이 없었다. 오가는 길목을 지키는 사장, 가장 더러운 곳을 지키는 사장, 사장으로서 그분이 존경스러웠다.

같은 상황을 관찰해도 비즈니스적인 관점에서 보는 것과 재미있는 구경거리로 바라보는 것이 다르다. 섬세한 사장이라면 관찰만 할 것이 아니라 바라보는 시점의 다양성을 복합적으로 분석해서 하나의 결정으로 내려줘야 한다.

나는 이러한 이야기를 직원들과 일상적으로 주고받는다. 질문을 주고받다 보면 얼마 가지 않아 그릇의 차이를 느낄 수 있다. 그리고 담길 그릇에 맞추어 이야기를 조정한다.

사업을 시작하고 진학한 경영대학원에서 많은 것을 배웠다. 성공한 CEO는 성공 방식이 다르다. 직원을 키우는 방법도 다르지만 나처럼 예술가형 인재를 많이 길러낸 사람은 없었다. 예술가형 인재들, 창의적 인재들은 서로를 너무 우습게 본다. 이런 환경 속에서 사장이 어떤 기준으로 직원을 바라보고 대하는가에 따라 결과가 달라진다.

업종에 따라 핵심 가치가 다를 수 있겠지만 회사를 발전시키고 성장시키기 위한 방안은 크게 다르지 않다. 똑같은 숙제를 안고 있기 때문이다. 크게 사람 문제, 새로운 콘텐츠 개발, 운영 시스템, 마케팅 전략 등 경영을 한다는 것은 같은 숙제를 누가 얼마나 제대로 할 수 있는지의 싸움이다. 결국, 고객의 마음을 얻기 위한 방안을 어떻게 갖추느냐에 사업의 성패가 달렸다.

TIP

사장이 갖추어야 할 마케팅 전략

① 시대의 트렌드를 볼 수 있는 능력을 갖추어라.

② 고객의 충성도를 강화하기 위한 마케팅 전략을 짜라.

③ 항상 새로운 변화를 통해 지속적인 고객들의 싫증과 이탈을 막을 전략을 짜라.

④ 마케팅에도 내 브랜드에 맞는 나만의 확고한 전문성과 차별화를 갖추어라.

⑤ 한결같은 성실함과 열정이 있을 때 새로운 아이디어도 떠오른다.

2부

사장이라는 이름의

예술가로 산다는 것

6장

예술가형 인재에서
세심한 사장으로

포장 기술이 좋은 사장이
성공을 앞당긴다

아이디어가 성공할지 알아보기 위해 막대한 비용을 들여
시장조사를 하거나 보고서를 잔뜩 만들 필요가 없다.
대부분은 상식과 비전만 있으면 충분하다.
-리처드 브랜슨

화가에게도 시각적인 것만이 경험은 아니다.
-월터 메이그스

"우리 학원 카드를 자랑하는 학생들이 많아요. 학생들이 자랑스러워 할 때마다 저도 어깨가 으쓱해져요."

"대기업에서 목에 걸고 다니는 신용카드 겸 출입카드에서 힌트를 얻었어요. 학원도 못 하라는 법 있나요? 신용카드까지는 아니더라도 학부모들이 충전해준 재료비는 쓸 수 있게끔 할 수 있었죠. 이런 노력이 교육 결과에도 분명 좋은 영향을 미칠 거예요."

우리는 종종 과거를 잊는다. 특히 사장이 되면 남의 밑에서 눈치 보며 고생했던 기억, 고객과의 접점을 찾던 시간에서 축적한 소중한 경험을 까맣게 잊어버리는 경우가 많다. 너무 많은 것을 책임져야 하는 자리에 있기 때문에 그렇게 소소한 것들까지 책임질 수는 없지 않느냐는 이야기를 많이 한다.

나는 이렇게 말하는 사장들은 실패하는 사장들이 흔히 앓고 있는 '사장병'의 초기 증상이라고 본다.

암처럼 사람의 생명을 위협하는 질병만 병이 아니다. "내가 사장인데"로 시작하는 이러한 증상은 사업을 위협하고, 직원의 마음을 병들게 한다. 한창 잘나갈 때 연예인병에 걸렸었다고 고백하는 스타들이 많은 것처럼, 사장도 주로 고비를 넘기고 사업이 궤도에 올랐을 때 처음 이런 증상을 겪는다.

그것도 다 한때이니 즐겁게 즐기라고 이야기해주고 싶다. 인생처럼 사업도 굴곡이 있으니 사장이 나태해지고 거만해지면 이 병을 고치기 위해 신은 시련을 주시는 것 같다.

태어날 때부터 사장인 사람이 없는 것처럼 사장이 되기 전에 그 사람도 고객이었던 것을 잊는다. 내가 만드는데, 내가 제공하는 서비스인데 사람들이 좋아하지 않을까 하는 마음처럼 사업에 임하는 안일한 마음을 없애야 한다.

나는 지금도 종종 우리 사업장 앞에 나가 건물을 바라보고, 주변을 돌며 사람들이 하는 이야기를 듣는다. 우리 학원을 찾는 학부모들이 느끼는 우리 학원의 첫인상은 어떨까? 이런 외형을 한 학원에 소중한 자녀를 맡기고 싶을까? 등원하는 아이들이 불편한 점은 없을까? 아이들이 다치기 쉬운 문턱은 없는지, 학원의 커리큘럼을 소개하는 안내지는 잘 붙어 있는지, 건물 주변이 오늘따라 시끄럽고 지저분하지는 않은지, 혹시 우리 학원 통학 차량 때문에 주변 교통이 방해받고 있지는 않은지, 우리 간판을 보고 지나가는 사람들이 하는 말 한마디라도 귀 기울여 들으려고 노력한다.

이러한 노력을 매일같이 할 수는 없지만 될 수 있으면 출근길에 처음 상담하러 우리 학원을 찾는 학부모의 동선을 상상하며 학원 문을 연다.

시대가 달라졌으므로 매일 학원 앞을 청소했던 옛날 사장처럼 정성을 기울이라는 말이 아니다. 항상 내 사업을 이용하는 고객의 입장에서 생각하는 습관을 몸에 배도록 하고 실행한다면 주변의 이야기와 트렌드에 둔감한 사람도 세상과 소통하고 자기 사업을 좀 더 좋게 포장할 수 있는 방법을 고안해낼 수 있다.

고객에게 전달하고자 하는 문구, 디자인, 매장의 디스플레이 등 흔히 '겉치레'라고 볼 수 있는 포장력이 탁월한 서비스 문화를 선도하고 있는 곳은 백화점, 호텔, 리조트, 공항 등이다. 왜 소비자들이 동네 마트가 아닌 비싼 비용을 지불하더라도 백화점을 이용하고자 하는가? 소비자들의 마음과 눈을 사로잡는 시각적인 요소와 서비스는 무엇인가? 고객이 원하는 것이 무엇인지 궁금하다면 이러한 곳에 가서 한 바퀴만 돌아보아도 해답을 찾을 수 있다고 본다.

백화점 명품관에서 힌트를 얻는 이유는 하나다. 고객의 입장에서 모든 것을 생각하라는 것이다. 어느 사업이라고 해도 참고할 부분이 많다. 직원들 대부분이 미술 전공자이다 보니 함께 시장조사를 나섰다 돌아오면 큰돈 들이지 않아도 우리 학원에 적용할 수 있는 아이디어와 실행력이 나오는 것은 우리 사업의 복일 수도 있지만 다른 사업에 적용해도 크게 다르지 않다고 생각한다.

아무리 미술학원이라고 해도 사람을 양성하는 곳인데 백화점 명품관을 참고한 세련되고 화려한 인테리어가 필요 없지 않냐는 물음도 종종 받는다. 나는 처음부터 미술학원 강사, 원장에 그치고 싶지 않았다. 학부모들에게 돈 받는 일에만 치중하는 장사꾼으로 남고 싶지 않았다. 나는 우리 고객들에게 최고의 서비스를 제공하는 사람이라고 생각한다면 학원이라고 최상의 환경을 만들지 못할 이유가 무엇이겠는가?

오히려 그들에게 묻고 싶다. 우리 학원을 찾는 사람을 동네 학부모로 상정하는 것과 최고의 서비스를 찾는 고객을 대하듯 하는 것, 여러분이라면 어떤 것을 택하겠는가?

엄마, 나 저 앞치마 입고 싶어.
미술학원 보내줘

나는 학원을 새로 개원할 때 학원 입구 인포메이션에 크게 힘을 준다. 단순히 돈을 받는 곳이 아닌 강렬한 첫인상을 만들고 싶기 때문이다. 인포메이션에서 고객에게 제공하는 응대도 실제 백화점의 서비스 이상으로 하도록 교육한다. 인사치레의 응대가 아니라 접대 받고 있는 기분을 들게 하고 싶었다.

사업 초기에는 강렬한 인상을 주기 위해 레드를 주요 컬러로 잡았지만, 지금은 시대에 맞는 고급스러운 컬러를 전면에 배치하도록 하였다. 그 결과 "여기는 다른 학원이랑 달라 보여요. 참 깔끔하고 세련되었어요"와 같은 학부모 피드백을 받는다.

가끔 우리 원생들이 친구들을 불러 학원 자랑을 하는 광경도 목격한다. 학원에 지원하는 강사 중 일부는 급여 수준을 조금 낮춰도 좋으니 이런 환경에서 일하고 싶다고 말한다.

우리 학원이 최고의 브랜드로 자리 잡게 된 몇 가지 사례가 더 있다. 나는 15년 전부터 학원은 대형 브랜드화 아니면 전문 교습학원으로 바뀌어나갈 거라고 예견했다. 영화관은 CGV, 커피하면 스타벅스가 떠오르는 것처럼 미술학원하면 우리 학원이 떠오르도록 브랜드화를 대비했다.

나는 우리 학원을 명물로 만들기로 했다. 목표를 이루기 위해 보통학원이 하지 않던 방법을 사용했다. 대기업이나 호텔이 하는 것을 그대로 가져왔다. TV, 라디오, 영화관에 미술학원 최초로 광고를 진행했다. 또 강사와 학생들에게 외출 시에도 우리 학원 브랜드의 앞치마를 두르게 하고 나가게 했다. 브랜드를 노출시킬 방법을 고민한 결과였다. 처음에는 거부반응도 있었지만 지금은 말려도 하고 나갈 정도로 잘 자리 잡았다.

명찰과 가방, 앞치마에 우리 브랜드 로고도 크게 넣었다. 식사시간, 하교시간에 우리 앞치마를 입은 학생들이 우르르 나가면 그야말로 장관이었다. 미술대회나 하교시간엔 대형버스를 배치했다. 제일 많을 때는 27대의 통학 차량이 학원 앞에 줄지었다. 한꺼번에 빠져나가야 하므로 교통체증을 일으켰고, 민원이 많았지만 큰 캠퍼스라는 인식을 심기 좋았다. 덕분에 경기·인천 지역에서 우리 학원을 모르면 미술학원을 논할 수 없었다.

미술대회에는 학생들의 안전을 통제하고 통일감을 주기 위해 아트킷과 단체복을 지급했고, 역시 차량을 제공했다. 미술대회가 열릴 때면 대강당이나 대운동장에 우리 학생들이 3분의 2를 차지할 정도로 많았다.

등하굣길 전시회도 이슈를 불러일으켰다. 미관을 헤치지 않고 관심을 유도하기 위해 한창 인기를 모으고 있는 연예인들을 그린 그림도 포함시켰다.

상업적인 학원이라는 의심의 눈초리도 샀지만 우리는 전시회 장소를 학원 등록을 위한 상담 창구로 사용하지 않았다. 우리는 학원 등록을 유도하기 위한 판촉 활동을 하지 않는다. 단지 우리 고객에게 브랜드를 각인시킨다는 의미가 크다.

학원비가 비싼 학원이라는 이야기도 있었지만 우리는 수강료 할인제도가 없다. 진짜 명품은 세일을 하지 않는 것처럼 우리는 수강료로 장난치지 않는다. 이것이 우리의 원칙이다. 그 결과 정말 잘하는 학생들은 우리 학원에 다니고, 그렇지 않은 학생은 동네 미술학원에 다닌다는 이미지가 생겼다.

물론 우리가 제공하는 교육의 질만큼 중요한 것은 없다. 만약 포장에 비해 내용이 턱없이 부실했다면 우리 사업의 오늘은 없었을 것이다. 오히려 포장이 내용을 잘 받쳐주었기에 우리의 노하우를 따라 하기 위해 노력하는 업계 분위기가 조성되었고, 아직도 독보적인 이미지를 유지할 수 있었다고 생각한다.

TIP

포장 감각이 좋은 사장의 습관

① 소비자의 입장에서 세상을 보려고 노력한다.

② 잠재 고객이 어떤 생각을 갖고 어떤 삶을 사는지 관심을 둔다.

③ 상품이나 서비스를 기획할 때 고객의 생각뿐만 아니라 동선까지 고려한다.

④ 서비스 문화를 선도하는 백화점, 호텔, 리조트, 공항 등에서 영감을 얻는다.

사장과 사업을 브랜딩하는
5가지 조건

우리가 어떤 식으로든 그랬으면 하고 소망할 때마다
어떤 일이 일어난다.
—스텔라 테릴 맨

어디에든 교황 같은 사람들이 있다.
물론 그들은 특정 역할을 한다.
그들은 우리를 물질적으로 지원해준다.
그러나 어떤 것도 창조하지 않는 이들이기에
예술가의 창작 활동을 마을 수 있도록 해서는 안 된다.
—다이앤 프롤로브

"생일자를 챙기는 학원의 노력을 좋아하는 학부모들이 많아요."

"이 아이디어는 대표인 제 경험에서 비롯된 것인데요. 예체능 하는 친구들은 학교에서 소외되는 경우가 많아요. 처음에는 학원 내 이벤트에 그치다가 생일을 맞는 친구들의 학교로 햄버거나 피자를 보내주기도 했죠. 미술을 하는 행복감, 대접받는 마음을 느끼게 해주고 싶었습니다."

사장이라면 사업을 하는 이유와 사업의 방향을 최대한 간결하게 자신의 '경영 철학'으로 정리할 수 있어야 한다. 여러분의 브랜드와 제품은 과연 시장에 바로 내놓아도 경쟁력이 있는가? 하고자 하는 비즈니스가 경쟁 브랜드에 견주어 어떠한 차별화 전략이 있다고 생각하는가?

지금 당장 명확하게 답할 수 없다면 지금부터 이야기하는 기준과 자신의 사업을 비교하면서 당장 시장에 내놓아도 손색이 없다고 판단이 될 때 자신만의 브랜드를 만들기 바란다. 자신의 브랜드가 이것만은 1등이라고 자신 있게 말할 수 있어야 한다.

나만의 브랜드 스토리를 만들어라

고객이 브랜드를 오래 기억하게 하려면 어떻게 해야 할까? 문장을 예로 들자면 고객은 명사로 끝나는 심플한 문장보다 동사가 들어간 '스토리'를 오래 기억한다.

그들에게 다시 기억되고 한 번 더 생각을 이끌어내기 위해서는 브랜드 스토리가 필요하다. 회사의 스토리가 없다면 오래 갈 수 있는 브랜드를 만들기 어렵다.

직원들과 스토리를 만들어가는 게 중요하다. 우리는 직원과 사장의 관계일 수도 있지만 브랜드의 스토리를 만들어가는 파트너다. 우리가 만들 수 있는 이야기는 무엇일까? 고객의 경우 학원은 잘 가르치고 입시를 성공시키는 게 가장 중요하다고 볼 수 있지만 원생과 학원이 어떤 관계를 맺고 어떻게 기억되는가는 우리의 스토리로 남는다.

고2는 고3 선배들의 합격 여부에 따라 학원을 결정하기 마련인데, 그 결과만 가지고 판단하게 만들면 결집력이 약하다. 합격 결과를 만드는 것에만 많은 학원이 집중하는 데 반해 우리는 학생의 대학 진학뿐만 아니라 왜 이 전공을 선택하고, 미래는 어떻게 연결할 수 있는지까지 고려해야 한다고 생각한다. 그리고 그 생각을 실제 교육 과정에 반영하여 입시 상담에 적용한다.

고객의 돈만 쫓지 말고 브랜드 핵심 역량에 집중하라

고객의 성향과 매출 기여도에 기준점을 두지 말고 핵심 고객이 원하는 가치에 집중해야 우리 브랜드를 사랑하고 좋아하는 충성 고객을 지킬 수 있다.

자기 브랜드의 핵심 역량이 없으면 직원이나 고객이 따라오는 데 한계가 있다. 몇 번의 성공을 거듭하면 사장이 뭘 한다고 해도 믿어준다. 그러나 그렇지 않은 경우를 대비하여 전문 영역을 하나라도 키워야 한다. 신뢰는 저절로 형성되지 않는다. '~로 성공하기', '~로 돈 벌기' 같은 교육이 많은데, 이제 갓 사회에 나온 사람이 이런 이야기를 하면 사람들이 믿어주겠는가. 교육을 받는 입장에서도 마찬가지다. "강사님 그걸로 얼마 벌었어요?"라는 질문에 자신 있게 답하지 못하는 강사에게 누가 믿음을 줄 수 있을까?

나는 이러한 원칙을 학원 사업부터 부동산, 갤러리 사업 등에도 적용시켰기 때문에 의심받지 않았다. 그 자신감으로 다른 성공도 불러올 수 있었다.

나는 사업을 하면서 리더십으로 가장 큰 인정을 받았다. 내게 어떤 매력이 있고 어떤 차별점이 있기에 성공했는지 알기 위해 직원으로 위장해 사내 강의에 들어온 사람도 있었을 정도였다.

성공의 결과가 안 좋은 소문을 불러일으킬 수도 있지만 시시한 이야기를 듣지 않으려면 그 분야에서 '달인'이 되어야 한다. 나는 리더십을 마흔부터 본격적으로 키웠다. 30대까지만 해도 몇 번의 성공에 기대어 까불었다. "남들이 못하는 걸 하면 돈 되는 거 아니야?" 그것으로 인정을 받는다고 생각했다.

그러나 시간이 지날수록, 사업을 지속할수록 사장 개인의 능력으로만 성공을 지속할 수 없는 것이 사업이라는 사실을 깨달았다. 나와 같은 사장을 키운다는 마음으로 다시 '사람'에 집중했다. 같은 조건에서 시작했는데 연봉도 다르고 왜 사는 게 다를까? 성공하려면 남과 달라야 한다. 그만큼 한발 앞서 가야 한다.

따르는 사람 숫자만큼 성공한다. 정말 사람이 필요할 때 사람이 없는 답답함을 느껴봐야 한다.

고유의 브랜드로 각인될
상징적인 CI, BI를 만들어라

브랜드는 컬러와 이미지, 마크, 향기, 맛 등으로 기억된다. 만약 이런 것을 스토리와 조합시킬 수 있다면 고객들에게 브랜드를 깊이 인식시키는 데 큰 도움이 된다.

C&C는 크리에이티브(Creative)와 커뮤니케이션(Communication)의 약자다. 입시미술이 전문이지만 소통이 중심인 회사로 만들고 싶었다. 문법적으로는 다소 뜻이 안 통하지만 이 부분을 심플하게 표현하고 싶었다. 오래도록 업계 1위 자리를 지켰기 때문일까? 지금도 브랜드네임을 잘 지었다는 소리를 많이 듣는다.

우리 선생님들은 강의실의 중앙에서 학생들을 가르친다. 소통이 안 되는 교육은 의미 없다는 우리 철학을 전달하고 싶었다. 이러한 구도에서는 학생들의 발언권도 많이 생긴다. 학생들의 피드백을 통해 우리도 성장하므로 소통은 매우 중요하다. 학생들의 피드백을 선생님이 다시 재구성하는 과정을 통해 새로운 것을 전달하는 것이 교육이다.

우리 철학과 사훈 정도는 직원이라면 잘 알았으면 좋겠다. 우리 직원들과 우리를 거쳐 간 학생들이 항상 창조적인 삶을 살았으면 하는 것이 개인적인 소망이다.

사업에
지속성과 일관성을 가져라

남들이 어떻게 해서 성공했다는 소리에 흔들리지 않아야 한다. 남들이 하는 이야기는 말 그대로 풍문이다. 풍문에 흔들리는 사장은 사업의 갈피마저 잃어버리기 쉽다.

항상 귀를 열고 눈을 크게 뜨고 고객의 소리를 듣고 트렌드의 변화를 읽어야 하지만 사장의 중심이 흔들리면 안 된다. 사장이 귀가 얇으면 직원들이 힘들다. 사장이 모임에 나가는 것을 직원들이 제일 싫어한다는 이야기를 종종 듣는다. 모임에 다녀온 사장이 무슨 이야기를 듣고 또 방향을 바꾸고 정책을 바꾸고 변덕을 부리기 때문이다.

주변의 이야기를 듣고 트렌드를 읽으라는 이야기와 남의 이야기에 흔들리지 말라는 이야기가 모순된다고 생각하는 사람도 있을 것이다.

이는 엄연히 다르다. 핵심은 사장이 중심을 잡았는지 여부다. 어떤 이야기를 들어도 사장이 듣고 사장의 철학으로 녹여서 반영하는 것이다. 남의 이야기를 듣고 따라하는 것과 남의 이야기를 반영해 나의 철학으로 소화하는 것은 천지 차이다.

한 방의 대박보다는
작은 성공부터 최선을 다해라

브랜드 이미지는 작은 실수로도 크게 손상될 수 있다. 직원과 고객에게 신뢰를 잃으면 브랜드는 성공할 수 없다. 작고 사소한 것부터 챙겨라. 작은 성공이 쌓여 큰 성공이 된다.

사업을 꿈꾸는 사람들은 대개 한 방을 노린다. 인간의 속성이라고 할까. 하지만 나는 사업을 한 방이 아닌 밑바닥부터 얼마나 차곡차곡 쌓았는지를 겨루는 것이라 생각한다.

학원 사업을 하는 나를 보고 학생들 코 묻은 돈을 번다고 비웃은 사람도 있었고, 큰 사업을 하라고 유혹하는 사람도 있었다. 내 생각은 달랐다. 돈만 보고 하는 사업은 오래가지 못한다. 돈을 버는 것도 중요하지만 성공한 사람은 번 돈을 어떻게 유지하고 관리할 것인가에 더 집중한다. 사장이 아니라 중간관리자만 되어도 이 마인드는 꼭 챙겨야 한다고 생각한다.

사업에 미쳐있다 보면 끝이 없다. 예술가형 인재를 데리고 어떻게 선도기업이 될 것인가? 어떻게 우리 업종에서 초일류가 될 것인가? 경쟁사와 비교될 수 없을 정도로 완전한 차별화는 어떻게 할 것인가? 나는 그 동안 이런 화두에 묻혀 살았다.

내가 만약 '나는 미술 전공자니까', '경영은 잘 모르니까', '이 정도면 성공이지' 이런 식으로 타협하고 살았다면 지금의 나는 없었을 것이다. 사업가는 매출 규모의 차이와 그 원인을 밝혀야 한다. 대기업 임원의 연봉이 5억 원인데 내가 하는 사업은 왜 그 정도에 미치지 못할까? 미술학원 원장으로 대기업 임원의 연봉을 받는다는 기준에서 생각을 해야 한다. 내가 대기업 임원보다 더 나은 것은 무엇인가, 무엇으로 차이를 만들 것인가?

사업은 변명을 찾는 것이 아니라 방법을 찾는 것이다.

TIP

섬세한 사장이 차이를 만드는 법

① 고객이 오래도록 기억할 수 있는 브랜드 스토리를 만들어라.

② 성공하고 싶으면 함께 일하는 사람을 먼저 성공시켜라.

③ 돈을 벌기 전에 유지하고 관리하는 법을 배워라.

예기치 못한 사소함이
실패를 부를 수 있다

모든 성공은 더 어려운 문제로 가는
입장권을 사는 것일 뿐이다.
—헨리 키신저

나는 마침내 모든 동작의 원천,
온갖 다양한 동작이 비롯되는 통일체를 발견했다.
—이사도라 덩컨

"학교 앞에서 홍보물을 돌릴 때 관리자도 동행합니다. 외부 손 빌리지 말고 선생님들도 나가세요. 피치 못할 사정으로 남의 도움을 받을 때는 직원 한 사람은 꼭 동행하세요. 한 시간 안에 끝나는 간단한 일을 처리할 때도 식원이 아닌 사람에게 성의를 요구하기는 어렵죠."

"네, 알겠습니다. 대표님. 경비 서시는 분들께도 따로 인사해야겠죠?"

"물론이죠. 단, 인사드릴 때 학원에서 나왔다고 하지 마세요. 학원에서 나온 용역업체 직원이라고 부탁드려야 조금이라도 더 봐주실 겁니다."

사장이라면 누구나 브랜드가 사업에 미치는 영향을 알기에 브랜드를 키우기 위해 노력한다. 지금 말하면 누구나 알 만한 대표 브랜드들도 처음이 있었을 것이다. 그렇다면 그들은 어떻게 시작하여 지금까지 자리 잡고 큰 성공을 할 수 있었을까? 아마도 사업을 책임지는 리더들의 피땀 어린 노력과 헌신의 대가라고 할 수 있겠다.

우리 학원 브랜드도 동종 업계에서는 대한민국 1등이라고 할 정도로 고객들에게 인식되고 입에 오르내리고 있다. 결과는 화려할지 몰라도 그 여정은 순탄하지 않았다. 브랜드가 자리를 잡는 데 내 모든 인생을 걸었으며, 항상 작은 성공에 만족하지 않고 더 큰 발전을 꿈꾸었다. 그리고 끊임없이 고객들에게 브랜드 이상의 가치를 제공하려고 노력하고 있다.

프랜차이즈 형태의 학원 사업이지만 직영으로 운영하는 학원과 다른 사업까지 20여 개 이상을 유지하며 경영 감각을 유지하려고 한다. 같은 브랜드의 직영 사업장이라도 위치에 따라 편차가 있어서 작은 것에도 민감하게 반응하며 운영하고 결정해야 한다.

사업의 시스템, 매뉴얼이라면 업계 최고라고 자부하지만 사업에는 항상 예기치 않은 변수가 있다. 어떤 형태의 사업이라도 사장의 역량에 따라 결과는 완전히 달라질 수 있다. 5평짜리 작은 초밥집에서도 월 매출 1억 원을 만들 수 있고 500평짜리 대형식당에서도 월 매출 5천만 원을 달성하지 못하는 결과를 만들어낸다. 사장의 영향력에 따라 사업의 규모와 운명이 달라질 수 있기 때문이다.

지금부터는 왜 브랜드에 기대어 안정성을 유지하는 것보다 세심하게 사업장 주변에 신경을 더 써야 하는지 이해하기 쉽게 사례를 통해 설명하려 한다.

손에 닿지 않는 작은 흠이 사업을 망칠 수 있다

어느 날 이름 있는 피부과 원장이 새롭게 병원을 이전하면서 생긴 일이다. 실력도 있는 원장이라 낡고 작은 건물에서 시작하여 가까운 신축 건물로 확장 이전하기까지 그리 오랜 시간이 걸리지 않았다.

자리를 옮긴 후 4~5개월이 지나면서부터 병원 경영에 문제가 생기기 시작했다. 누구도 예기치 못했던 위기였다. 낡고 허름한 건물에서도 환자가 줄을 섰으니 새로운 병원의 좋은 환경으로 옮긴 직후에는 환자들의 만족도도 더 높아지고 병원도 잘되었다고 한다.

그러나 시간이 흐를수록 환자가 급감하는 것을 느낄 수 있었다. 이상하게 생각한 병원 관계자들은 많은 고민과 조사를 거쳐 원인을 찾기 시작했다.

어렵게 원인을 찾아보니 어처구니없게도 병원 건물의 주차관리인이 문제였다. 어떻게 주차관리인 한 사람이 병원 매출에 악영향을 미치게 된 것일까? 불친절한 주차관리인 때문에 환자들은 병원 입구에도 못 가보고 다른 병원으로 발길을 옮기게 된 것이다. 고객은 이유가 어찌됐던 불이익을 입거나 기분 나쁜 상황을 겪으면 언제든 다른 대안을 찾는다.

주차관리인은 고객 응대교육도 받지 않았고, 환자와 보호자에게 반말이나 욕설이 일상이었다고 한다. 본인의 행동이 병원 경영에 영향을 미칠 수 있다는 사실을 모르고 한 행동이리라.

주차관리인은 자신에게 월급을 주는 병원을 비롯한 입주업체 사장들에게만 잘 보이면 된다고 생각했겠지만 그의 행동으로 인해 무너진 입주업체의 이미지를 이전의 상황으로 회복하기란 사실상 불가능하다. 일정 수준으로 다시 쌓아올리는 데만도 막대한 시간과 비용이 들 것이다.

이처럼 내 손이 닿지 않는 직원의 관리도 중요하다. 특히 우리 학원처럼 예체능 전공자들이 직원의 상당수인 경우 사람 관리가 무척 어렵다. 사장이 비정규직이나 아르바이트까지 관리해야 하나 의문을 갖는 사람도 많을 것이다. 그러나 병원, 학원처럼 지역 기반의 기업들은 특히 입소문에 엄청난 영향을 받는다. 우리의 고객들은 의사, 간호사, 강사, 직원만 만나는 것이 아니다. 주차관리원부터 학원 버스기사, 대학생 아르바이트생까지 다양한 사람들이 우리 고객과 만난다. 이들을 관리의 사각지대에 놓는다면 이 빈틈이 기업을 망하게 할 수 있다.

주차관리인의 불친절함으로 환자를 잃은 병원의 사례처럼 내 사업의 어디에서 어떤 문제로 고객을 잃고 있는지 놓치지 않도록 점검할 필요가 있다. 특히 서비스업의 사례라고 치부할 수도 있지만 브랜드 이미지를 고민하는 사장이라면 항상 긴장감을 놓으면 안 되는 부분이다. 내가 노력하여 쌓아올린 브랜드 가치가 하루아침에 무너지는 상황을 만들어서는 안 된다.

섬세함이
브랜드 이미지를 강하게 만든다

내가 교육 환경에 신경을 쓰는 이유는 비단 고객이 떨어져 나갈까 봐 두려워서가 아니다. 그 환경이 직원의 충성도에도 영향을 미치기 때문이다. 직원 휴게실 하나도 최고로 만든다. 뉴스에 나오는 창고 같은 직원 휴게실을 가진 직원이 어떻게 고객에게 친절할 수 있겠는가.

일하고 싶은 회사를 만들어 직원의 만족도를 높이면 자연스럽게 고객의 만족도에도 영향을 미친다. 사장의 세심함이 결국 직원과 고객 모두를 만족시키는 것이다.

만약 인테리어 비용 5천만 원을 직원들에게 주면 얼마나 만족할까? 만족도는 얼마나 오래 갈까? 같은 비용을 직원, 학생, 학부모 모두를 만족시키고 브랜드 이미지에도 영향을 미치도록 쓸 수 있다. 나는 더 큰 금액을 써도 직원과 고객 모두를 만족시키는 데 투자할 것이다.

우리 학원의 경우 분위기를 바꾸기 위해 강의실 환경을 3개월에 한 번씩 교체하라고 지시한다. 그림의 위치, 세팅, 컬러를 바꿔주는 작은 노력은 그곳에서 강의하고 배우는 사람들까지 새롭게 한다. 원장에게는 학원 전체가, 강사에게는 강의실이 사업장이다. 왜 늘 같은 환경에서 지루하게 일해야 하나? 새로움과 신선함은 우리 학원만의 특별함이다. 입시반, 예비반, 중등반 등 타깃에 따라서도 교육 환경은 달라야 한다.

섬세한 사장이라면 남들이 놓치는 작은 것들, 특히 사람이 일으킬 수 있는 문제를 잘 관리해야 한다. 이러한 세심한 것들까지 챙기는 사장의 역량에 따라 사업의 성공은 갈릴 수 있다는 것을 명심하기 바란다.

TIP

섬세한 사장의 세심한 브랜드 이미지 관리 노하우

① 정직원 이외의 회사 인력을 관리할 수 있는 교육 시스템을 만든다.

② 매출에 영향을 미치는 외부 고객, 내부 고객 모두의 충성도를 높이는 사업장 환경을 조성하는 데 투자를 아끼지 않는다.

③ 고객과 직원이 내 사업을 지루해하지 않도록 3개월 주기로 작은 변화라도 시도한다.

변화를 두려워하지 않는
사장이 살아남는다

성공이란 열정을 잃지 않고
실패를 거듭할 수 있는 능력이다.

−윈스턴 처칠

삶에서 군더더기를 걷어내라.
습관을 깨라.
그리고 불확실해 보이는 일을 하라.

−피에로 페루치

"입시교육부터, 초등, 중등, 이젠 취업교육까지. 최 대표님 사업 확장은 한계가 없어 보입니다."

"무리한 확장처럼 보는 이목이 많지만 시장과 고객의 변화를 먼저 감지한 결과입니다. 우리 고객의 변화를 읽고 고객이 원하는 것을 따라가다 보니 자연스레 시장이 넓어진 것이죠."

하룻밤만 자고 일어나도 트렌드가 쉴 새 없이 변화하는 시장에서 살아남기 위해 사장은 항상 새로운 사업 아이템을 염두에 두어야 한다. 그러나 각고의 노력과 투자로 시작한 신사업에서 성공을 거두는 것이 어려운 일이라는 사실을 사장이라면 더 잘 알 것이다.

현재 하는 사업이 잘될 때 다음 신사업에 대한 구상과 준비를 못한다면 시대에 묻혀 사라질 수 있다. 외식업 비즈니스만 봐도 신메뉴를 꾸준히 연구 개발하지 않는다면 결국 소비자의 발길이 끊어진다.

최재천 교수의 《개미제국의 발견》을 보면 동물들이 겨울을 나는 방법이 나온다. 첫째는 식량 비축(개미, 벌), 둘째는 동면(개구리, 뱀, 곰), 셋째는 먹이를 찾아 이동(순록)하는 것이 동물의 생존법이다. 기업도 다르지 않다. 현재 운영하는 사업에서 자본 및 기술을 비축하고 불황과 비수기를 버틴 후 신사업을 찾아 나서지 않는 기업에게는 도태되어 사라지는 일밖에 없기 때문이다.

회사를 끊임없이 생각하고
숨 쉬게 만들어라

운 좋게도 나는 태생적으로 변화를 두려워하지 않는 성격으로 태어났다. 변화하고 새롭게 도전해야만 살아 있는 느낌이 든다. 생명을 가진 동물들이 숨을 쉬어야 살 수 있듯이 나에게 변화는 숨을 쉬는 활동이다.

모든 사업이 마찬가지겠지만 특히 학원 사업은 역동적인 변화가 중요하다. 미술을 전공한 사람들과 함께 일하며 미대생을 배출하고 사회에 내보내는 일을 하다 보니 남들보다 섬세한 사람들과 일하는 방법을 자연스레 터득하였다. 나는 이러한 비결이 '섬세한 사장을 만드는 법'과 크게 다르지 않다고 생각한다.

소위 '예술'하는 사람들은 계속 움직여야 생산성이 높아진다. 그냥 두면 느슨해지고 멍해지기 쉽다. 예술가 성향의 사람들은 끊임없이 머리를 쓰게 하고 몸을 움직이게 해야 한다. 어설프더라도 새로운 것을 만들고 발표하게 할수록 그들의 창의성이 생산성으로 연결되기 때문이다.

이런 사람들에게 많은 시간을 주면 오히려 엉뚱한 일에 빠진다. 하는 일 없이 게임만 하는 관리자가 남의 이야기가 아니다. 특히 원장들은 평가하는 일이 직업이다 보니 입시라는 목표를 두고 평생 학생을 평가하는 일에 익숙해져 있다. 남을 평가하다 보면 자연스럽게 개인의 발전과 멀어지기 쉽다. 남을 평가하는 일을 기반으로 자신을 발전시키고 성장해야 하지만 칭찬에 박해지고 지적만 많아진다.

이들을 일하게 만들고 더 나아가 변화하게 만들기 위해서는 우선 칭찬부터 시작해야 한다. 아이들 교육도 마찬가지다. 칭찬으로 시작했을 때와 지적으로 시작했을 때는 받아들이는 마음가짐부터 다르다. 섬세한 사람들은 지적을 받는 순간 그만두라는 말로 알아듣는 경우가 많다.

미래 시장의 요구와
객관성의 접점을 찾아라

지금까지의 사업을 되돌아보면 중국 시장 진출은 가장 큰 변화이자 도전이었다. 당시 브랜드위원들과 정한 지역 보호권과 함께 서울과 수도권의 학원 시장은 이미 포화상태였다. 더 이상 확장이 어렵다 보니 자연스레 도전과 발전에 대한 갈증이 생겼고 중국 시장 진출을 결정하게 되었다.

아쉽게도 실패로 끝이 났긴 했지만 중국 시장 진출은 지금의 사업을 더 단단하게 만드는 계기가 되었다. 현재 사업도 벅차기 때문에 신사업을 준비할 겨를이 없다고 말하는 사장들도 많다. 그러나 사장은 항상 거시적인 생각을 품고 결정을 내려야 한다. 그래야만 오래 생존하는 회사로 거듭날 수 있다. 경험으로 얻은 깨우침이다.

사업 확장 및 다각화는 대기업만의 전유물이 아니다. 하지만 새로운 사업 아이템은 기본적으로 기존 사업의 포트폴리오를 크게 벗어나서는 안 된다. 때론 신사업 때문에 기존 사업까지 어려움에 빠질 수 있고 신사업 철수 과정에서도 혼란이 올 수 있기 때문이다. 나 역시 완전히 다른 시장으로 사업 다각화를 구상했다가 시간과 자산은 물론 사람까지 잃게 되는 뼈아픈 경험을 치렀다.

또한 새로운 사업을 선택할 때는 회사와 사장의 입장이 아니라 고객의 시각에서 고려해야 한다. 그래야 의미 있고 위험도 적은 신사업 아이템을 선별할 수 있다. 회사 입장에서 편리하게 선택한 아이템은 고객 입장에서 불필요한 아이템일 수 있기 때문이다.

물론 고객의 안목이 신사업의 가치를 따라오지 못할 수도 있다. 그러나 신사업은 일회성 이벤트가 아니다. 멀리 보고 고객의 마음과 생각까지 읽는 노력이 신사업의 성패를 가른다는 것을 한시도 잊으면 안 된다.

TIP ▨▨▨▨▨▨▨▨▨▨▨▨▨▨▨▨▨▨▨▨▨▨▨▨▨

변화와 변신을 두려워하지 않는 사장의 실행력

① 섬세한 직원이 변화를 두려워하지 않도록 평가하고 관리한다.

② 기존 사업과 크게 벗어나지 않는 포트폴리오를 만든다.

③ 경영진이 아니라 고객이 받아들일 수 있는 아이템을 선정한다.

7장

사업을 방해하는 예술가 마인드 극복하기

치킨 프랜차이즈나 하겠다는
사람들에게

나는 낙관주의자다.
그러나 비옷을 갖고 다니는 낙관주의자다.

-해럴드 윌슨

아무도 꽃을 제대로 보지 않는다.
작은 꽃에 눈길을 줄 만큼 사람들은 여유롭지 않으니까.
친구를 사귀려면 시간이 걸리듯 관찰하는 데도 시간이 든다.

-조지아 오키프

"대표님 학원도 일종의 프랜차이즈 아닌가요? 140개가 넘는 지점이 있고, 이렇게 성공한 것도 지점들의 이익을 회수하고 있기 때문이잖아요."

"프랜차이즈 사업에서 모티브를 얻은 것은 사실이지만 우리 학원은 프랜차이즈가 아니에요. 브랜드를 나누고 있지만 저는 직영점 경영 수익이 주 수입원이지요. 서로 브랜드와 경영 매뉴얼, 네트워크를 나누고 있는 것뿐이에요. 프랜차이즈로 묶였으면 이 정도로 사업을 확장하기도 어렵고, 원장들이 자율성을 갖기 쉽지 않아 발전에 한계가 있었겠지요."

은퇴를 하고 창업을 준비하는 사람들을 만나보면 열에 일곱은 치킨 프랜차이즈를 알아보고 있다. 왜일까? 한국 사람들이 유독 치킨을 좋아해서? 아니면 우연히 내 주변에 치킨을 좋아하는 사람들이 많은 것일까? 치킨이 유망한 외식 아이템이라고 생각한다면 자기 사업을 시작할 것이지 왜 프랜차이즈를 하는 걸까?

왜 프랜차이즈를 선택하느냐고 물으면 돌아오는 답은 비슷하다.

"내가 사업을 잘 모르잖아. 프랜차이즈는 본사에서 다 알아서 해준다고 하더라고."

"그냥 튀겨서 내면 되잖아. 요즘 배달업체도 많이 늘고."

"기본은 하는 게 치킨집이지 않아요? 왜 한 집 건너 한 집 치킨집이겠어요?"

요식업을 얕봐서 이들의 반응에 놀라는 것이 아니다. 아무 준비 없이 덜컥 퇴직금을 털거나 무리하게 자금을 마련하여 안일하게 뛰어드는 사람들이 너무 많다. 우리나라 치킨 프랜차이즈 사업의 가맹점 영업력이 뛰어나서일까? 어쩜 이렇게 많은 사람들이 열기만 하면 성공할 준비부터 먼저 하는 것인지 궁금하기까지 하다.

소중한 자산을 투자하여 덜컥 치킨집을 시작했다가 큰 손실을 보고 정리한 지인이 있다. 사업 경험도 없는 데다 준비도 덜 되어 있고 방향마저 불확실하기에 여러 차례 남의 밑에서 먼저 경험을 쌓아보라고 권유했다. 하지만 성격은 급하고 남의 밑에 있는 것은 내키지 않는다며 프랜차이즈 사업 상담을 하러 갔다가 모든 것을 지원해주겠다는 이야기를 듣고 계약부터 하고 온 것이 일의 시작이었다.

간곡한 만류에도 불구하고 결국 큰돈을 투자하여 제법 큰 규모로 치킨 프랜차이즈 지점을 시작했지만 시작부터 조류독감이 발생했다. 고객들은 치킨을 외면했고, 결국 그 사장은 버티지 못했다. 같은 장소에서 고깃집으로 업종 전환을 했지만 그것마저 오래가지 못했다. 대출금까지 5억 원 가까이 손실을 보았다고 한다.

난관 해결을 위해 여러 차례 대화를 시도해봤지만 사업의 기본조차 숙지하지 않았던 상황이어서 조류독감이 터지지 않았더라도 쉽게 성공하긴 어려웠을 것이다. 같은 시기에 유사한 사업을 시작하여 같은 위기를 만났더라도 해당 업종에 관해 충분히 공부하고 준비했다면 큰 위기도 견뎌낼 수 있었을 것이다.

성공한 프랜차이즈는 있지만
성공한 가맹점 사장이 드문 이유

이 정도의 창업 실패 케이스는 주변에서 쉽게 접해볼 수 있을 것이다. 물론 프랜차이즈 가맹점을 시작한다고 모든 사람이 실패를 하거나 힘들어진다는 이야기는 아니다. 그러나 사업의 목적과 목표도 없이 매뉴얼만 믿고 쉽게 뛰어든다면 건물주와 프랜차이즈 본사에 좋은 일만 시킨 것은 아닌지 생각해보자는 것이다.

손쉽게 프랜차이즈 가맹점을 시작하고 만족하는 사람을 내 주변에서 보지 못했다. 월급을 받다 처음 하는 사장이 초반에는 새롭고 좋겠지만 본사의 방침을 따라가는 것이 점점 버거워진다.

한 번 시작하면 투자금 때문에 쉽게 접을 수도 없고, 일정 기간이 지나면 본사의 방침에 따라 인테리어를 바꾸는 등 새로운 투자도 해야 한다. 새 투자금 역시 그동안 벌어두었었던 금액 이상인 경우가 많다. 점포를 여는 시간, 문 닫는 시간까지 공통의 규칙이 있으니 지역의 특성과 사장의 개성, 판단을 사업에 반영할 수 있는 여지가 거의 없다. 냉정하게 분석해보면 말이 사업을 하고 있는 것이지 자기 사업이라고 할 만한 것이 없다.

사장은 사업 과정에서 다양한 경험과 시행착오를 겪을 수밖에 없다. 그 과정에서 쌓인 사업 노하우와 자신만의 특별한 사업 레시피가 사장의 자산이 된다. 그 사업으로 유행이 아닌 유행을 이끌어갈 수도 있다. 그러나 프랜차이즈 사업의 사장이 되면 투자하는 자금과 시간 대비 사장의 자산으로 만들 수 있는 것이 거의 없다는 사실을 시작하기 전에 충분히 고려했으면 한다.

남들과 다른 자기 사업의 장점 100가지를 말해보라고 했을 때, 자신 있게 내 사업은 남들과 이런 점에서 차별점이 있다고 말할 수 있어야 한다. 이렇게 말할 수 있을 때 사업의 전문성을 갖추었다고 할 수 있다. 상대방이 어떠한 문제를 지적하든 어떠한 리스크를 거론하든 그에 대한 대비와 생각을 말하고 상대를 역으로 설득하고 이해시킬 수 있는 자신감은 곧 사업의 전문성에서 비롯된다.

TIP ▰▰▰▰▰▰▰▰▰▰▰▰▰▰▰▰▰▰▰▰▰▰▰▰▰

내 사업의 성공 확률을 높이는 셀프 질문

① 돈을 벌겠다는 목표 외에 사업을 하는 이유가 무엇인가?

② 내 사업의 차별화 포인트 100가지는 무엇인가?

③ 나만의 특별한 사업 레시피가 있는가?

첫 사업 실패,
네 번의 수술이 남긴 것

중국어로 '위기'는 두 글자로 되어 있다.
하나는 위험을, 다른 하나는 기회를 의미한다.

-존 F. 케네디

신의 모습은 바로
인간의 내면에 잠재되어 있는 창조성이다.

-메리 데일리

"최 대표, 오랜만이야. 우리 첫 사업을 같이 하고 못 봤으니 이게 얼마만인가. 잘나간다며? 골프는 얼마나 쳐? 차는 뭐 타고 다니고?"

"오랜만이네요. 골프나 차 말고 이야기할 게 많지 않을까요? 첫 인사말을 들어보니 우리가 그 시절에 사업을 빨리 접은 게 다행이라는 생각이 듭니다."

친구의 권유로 선배와 함께 네 명이 첫 학원 사업을 시작했다. 서울 모 대학 앞에서 학원을 개원하며 당차게 시작했지만 돌이켜 생각해보면 사회 경험도 부족하고 준비도 없이 어린 나이에 학생들을 지도하고 대학을 보낸다는 발상과 자신감이 어디에서 나왔는지 모르겠다.

참으로 우여곡절이 많았던 시작이었다. 젊음을 밑천 삼아 아무것도 모르고 십시일반 자금을 모아 시작한 첫 학원 사업이었다. 내 사업이라고 생각하니 며칠씩 밤을 새가며 일을 해도 피곤하지 않았다. 누구는 학교를 다니면서, 누구는 학업을 포기하거나 휴학을 하고 각자의 역할을 맡아 운영했다.

그러다가 군 입대로 이탈하는 인원이 생기고, 인원 변동이 생기니 업무의 양과 역할 때문에 갈등이 발생했다. 누가 일을 더하고 덜하고, 때론 서로의 목적이 다르다는 문제로 다투기도 하다가 스물넷 군 입대를 앞둔 시점에서 첫 창업의 꿈은 막을 내리게 되었다.

이렇다 할 계약서 한 장 없이 동업으로 시작한 사업은 아쉽게 막을 내렸지만 그래도 많은 깨달음을 안겨주었다.

실패에서
성공의 답을 찾다

1년 4개월 동안의 사장 수업은 지금 생각하면 무엇과도 바꿀 수 없을 정도로 값졌다. 치기어린 마음에 마음 맞는 사람들과 시작하니 못할 것이 없다고 생각했다. 경험자의 자문을 구하거나 유능한 인재를 스카우트 하는 등의 생각은 꿈도 꾸지 못했다.

첫 번째 사업의 실패 요인을 분석해보면 사업의 기본 시스템이 없었고, 우리 학원만의 전문적인 콘텐츠가 부족했다. 또한 주요 타깃에 대한 정보가 부족하여 정확한 마케팅 전략을 세울 수 없었다.

학원 사업은 고객과의 신뢰가 가장 큰 역량이라고 볼 수 있는데 동업자들의 면면을 살펴보면 22세부터 24세까지의 사회 무경험자들로 고객에게 신뢰감을 주기에는 경력과 역량이 많이 부족했다. 입장을 바꿔 그곳에 내 자식을 맡길 수 있을까? 나 역시 자신 있게 그러겠다고 말할 수 없다.

나는 지금도 학부모 피드백을 가장 중요하게 생각한다. 돈을 내고 학원에 등록하면 끝이라고 보는 짧은 생각의 원장들도 많지만, 학부모와 학원의 커뮤니케이션은 사실 그때부터 시작된다. 적든 많든 비용을 지불하고 자기 자식을 학원에 맡긴 부모들은 궁금한 것도 많다.

직원들은 학원이 잘 가르치기만 하면 된다고 생각하지만, 학원 사업은 서비스업이라는 것을 잊지 말아야 한다. 우리가 누군가를 가르친다고 어깨에 힘부터 주어서는 안 된다. 사교육은 공교육이 하지 못하는 역할까지 해주어야 한다. 학생을 잘 가르치는 것 이상으로 학부모를 만족시켜야 하는 책임도 있는 것이다.

학부모가 가장 많이 하는 질문 중 하나가 바로 강사의 전공과 경력이다. 고객, 즉 학부모는 우리 아이를 가르칠 강사의 출신 학교, 경력, 나이 등을 가장 궁금해한다. 경력이 부족하면 나이로 보완하든가, 나이로도 안 되면 타의 추종을 불허하는 실력을 갖추던가, 이도저도 아니면 경영 시스템이라도 제대로 갖춰야 좋은 서비스를 제공할 것이라는 믿음을 줄 수 있었을 텐데 첫 사업에서는 무엇 하나 제대로 갖추지 못했었다. 내 첫 사업이 실패로 돌아간 것은 어쩌면 자명한 일이었는지도 모른다.

학원 사업은 최소 10년 이상의 입시 경험을 통해 고객들에게 신뢰감을 줄 수 있어야 한다. 하지만 사회 초년생 동업자들로는 고객들에게 신뢰감을 주기에 역부족이었다. 결국 정리하는 과정까지도 아무도 실패 원인을 모르고 서로에게 실패 원인을 돌리며 동업자 간에 신뢰만 깨지게 되었다.

지금은 입시를 가장 최근에 경험한 대학생들을 연구원으로 채용하여 다변화하는 입시 트렌드에 맞는 시스템을 구축하고, 고객의 궁금증

을 해소하기 위해 공통 질문과 답변 매뉴얼도 개발해 현장에서 적극적
으로 활용하고 있다.

직원의 가족도
내 가족이라는 마음으로

40대에 들어 큰 수술을 여러 번 받았다. 수술대에 오를 때마다 느
끼는 두려움은 경험하지 못한 사람은 모를 것이다. 수많은 장면과 감정
들이 교차한다. 다시는 눈을 뜨지 못할 수도 있다는 막막함에 잠이 오
지 않았다. 사랑하는 가족, 사업이 궤도에 오르기까지 학원에서 숙식까
지 불사하며 버텨온 동료들, 그들과 학원 화장실에 붙이는 문구와 글씨
폰트까지도 의논하며 일군 현장, 이 모든 것들이 주마등처럼 스쳤다.

마흔세 살에 위암 선고를 받고 첫 수술 후 합병증으로 네 번의 큰
수술을 경험하게 되었다. 직원들이 동요할 것 같아 두 번째 수술까지는
주변에도 알리지 않았다. 사장이 큰 병에 걸렸다고 하면 직원부터 시작
해 사업의 큰 축까지 어느 하나 흔들리지 않는 것이 없다.

그러나 노력에도 한계가 있었다. 업무를 보거나 운전 중에 참을 수
없는 고통이 찾아와 여러 번 기절도 하고 응급실에도 실려 가다 보니
자연스레 주변에 알려질 수밖에 없었다.

통증이 너무 심할 때는 그냥 이대로 죽었으면 하는 나약한 생각도

여러 번 들었지만 나를 버틸 수 있게 한 것은 역시 나의 가족과 사업이었다. 첫 번째 수술을 마치고 수술 부위의 붕대도 풀기 전에 출근하려고 하는 나를 만류하며 아내가 물었다.

"당신은 사업이 그렇게 중요해요? 오늘 나가고 또 쓰러지면 무슨 의미가 있어요? 어서 정리하고 건강에만 신경 써요. 제발 부탁이에요."

나도 무엇 때문에 이렇게 사업이 매진하는지 의문이 들 때가 많다. 그러나 나는 멈출 수 없었다. 건강에 위기가 찾아올수록 무엇 하나 허투루 결정하고 싶지 않았다. 나의 가족과 우리 직원들의 가족까지 생각하면 나는 버텨내야 했다.

9시간, 12시간이 넘는 수술을 참아내며 오뚝이처럼 일어날 수 있었던 것은 나를 믿고 기다리는 가족과 직원 덕분이다. 그들 덕분에 지금까지 건강하게 살아올 수 있다는 희망을 갖게 되었다.

작지만 내가 일궈온 노하우를 기록으로 남기기로 결심했다. 이 책을 쓰기 시작한 것은 세 번째 수술을 앞둔 시점이었다. 내가 현장에서 매주 진행하던 점장회의와 직원교육을 더 이상 할 수 없을지도 모른다는 두려움이 엄습하자 우리 사업에 최적화된 사업 매뉴얼을 정리해야겠다고 생각했다.

처음에는 함께 해왔던 관리자들을 위해 써내려가기 시작했지만 내용을 정리할수록 사업을 준비하는 사람들이나 사장 역할이 힘든 사람들에게 도움을 주고 싶었다. 나 역시 사장으로서 아직 부족하지만 이 책을 읽는 사람들이 누구도 노력하는 사람을 이길 수 없다는 철학을 얻을 수 있다면 이로서 나의 존재 이유를 확인할 수 있을 것 같았다.

여러분은 자신의 사업에서 성공의 길을 안내해줄 멘토를 누구라고 생각하는가? 내가 생각하는 멘토는 현장에 있는 직원들과 다양한 분야에서 성공을 이룬 사장들이 집필한 책이다. 앞으로 어떠한 역경과 시련이 있어도 포기하지 말고 멘토가 될 수 있는 책들을 통해 새로운 성공 신화를 이어주길 바란다.

TIP

위기의 순간에 멘토 역할을 해준 책들

① 이기는 습관

② 깨진 유리창 법칙

③ 사장으로 산다는 것

④ CEO, 고전에서 답을 찾다

⑤ 대한민국 최고의 CEO

⑥ 회의를 하면 답을 내라

잘 망해야
흥할 수 있다

선수 경력을 통틀어 나는 9천 개 이상의 슛을 놓쳤다.
거의 300번의 경기에서 패배했다.
경기를 뒤집을 수 있는 슛 기회에서 26번 실패했다.
나는 살아오면서 계속 실패를 거듭했다.
그것이 내가 성공한 이유다.
—마이클 조던

나는 보기 위해 눈을 감는다.
—폴 고갱

"사장님. 비록 제가 여기서 성공해서 나가진 못했지만 시작이 좋았던 걸 보면 여기 터가 좋아요. 사장님은 여기서 꼭 성공하세요. 이 지역 특이사항과 유의하셔야 할 점 정리해봤어요."

"폐업하느라 마음고생 많으셨을 텐데 이런 것까지 신경 써주는 사장님을 처음 봤어요. 제가 더 도와드릴 거 없어요? 이렇게 사업하셨던 분이라면 뭐든 믿을 수 있을 것 같네요."

조금은 무거운 주제가 될 수 있겠지만 폐업정리의 중요성에 대하여 이야기하고자 한다. 서점에 가보면 창업에 대한 조언을 해주는 책들은 많이 있지만 폐업정리에 대한 책이나 교육이 부족하여 많은 사람들이 폐업에 대한 인식이 부족한 것이 사실이다.

통계를 보면 한 해에 12만 명 이상의 사업자가 신규 창업을 하고 있다고 한다. 그렇다면 한 해에 폐업은 어느 정도나 될까 알아보니 9만 명 이상이다. 요즘은 창업하기 쉬워서 그런지 경험이 일천하거나 젊은 창업가들의 경우 폐업도 쉽게 생각하는 것 같다.

사업은 그냥 문 닫는다고 끝나는 것이 아니다. 그렇게 안일하게 생각하고 문을 닫았다가 시간이 흘러 세무서에서 세금납부 통지서를 받으면 굉장히 당황스럽다. 폐업도 신고를 해야 한다는 것을 알게 되면 부랴부랴 절차를 알아보고 세금 고지에 대한 소명을 준비한다. 하지만 증빙자료는 시간이 흐르는 속도보다 빠르게 사라진다.

사업자를 내고 사업을 하다가 정리를 제대로 못하면 사업을 새롭게 시작할 때 문제가 된다. 내 경우 첫 사업을 여러 명이 동업으로 시작하다 보니 누구 명의로 사업자를 냈는지, 마무리는 어떻게 되었는지 법적 관계에 문외한이었고 관심도 없었다.

두 번째 사업을 시작할 때까지 그런 걸 생각할 겨를도 없었다. 새로 사업자를 내고 잘하고 있다가 자금이 필요해 대출 서류를 준비하는 과정에서 전 사업자 말소 처리가 되지 않았다는 사실을 알게 되었다. 결국 그게 발목을 잡아 대출을 받지 못했다.

사업을 너무 쉽게 생각하고 출발한 것도 문제지만 폐업을 결정하고 정리하는 과정 또한 미숙했다. 특히 세무적인 문제보다 개인 신용에 문제가 될 수 있다는 것을 간과해서는 안 된다.

그렇다면 부득이하게 폐업을 하게 된다면 언제 어떻게 폐업을 결정하고 폐업 수순을 밟는 게 손실을 최소화할 수 있을까?

동종 업계의 창업 성수기에 폐업하는 게 유리하다

폐업을 결정하는 데는 다양한 이유가 있겠지만 영업 손실로 인한 문제가 가장 많다. 일반적으로 2년 정도의 매출을 기준으로 매출이 꾸준하게 하락하고 있다면 폐업을 많이 고민한다. 그러나 대부분은 이 시그널을 잠깐의 경기 영향이라 간과하고 폐업 시점을 차일피일 미룬다. 특히 매출의 감소세가 미미하거나 계절에 따른 매출이 다른 경우 사업을 정리한다는 두려움이 앞서 시일을 더 미루게 된다.

폐업 결정을 미루기만 한다면 더 큰 손실과 상처를 남기게 된다는 점을 유념해야 한다. 주위에서도 폐업 시기를 놓쳐 경영이 더욱 악화되어 손쓰기조차 어려운 상태에 처한 사장들을 여럿 보았다.

업종의 특성에 따라 효율적인 폐업 시점은 다르겠지만, 일반적으로 2년 이상 유지하던 매출을 기준으로 매출이 3개월 이상 지속적으로 감소하면 경영자는 결심할 준비를 해야 한다.

국가에서 제공하는 폐업 처리 프로그램과 기관도 잘 활용하기 바란다. 특히 창업 리턴 프로그램을 잘 활용한다면 큰 도움이 될 것이다.

현재 사업장이 임대계약 중이라면 계약기간에 따라 통보 시점과 만료 시점을 언제로 잡을지도 중요하다. 상권에 따라 권리금을 받을 수 있는 곳이라면 어떤 기준으로 받아야 손실을 최소화할 수 있는지도 염두에 둬야 한다. 계약서 특약 중 원상복귀에 따른 문제를 사업주가 책임을 지는 조항이 있다면 임대 종료 시점에 문제가 커질 수도 있다.

폐업 시점을 다른 창업자들이 가장 많이 창업을 하는 시기에 맞춰 잡으면 손실을 최소한으로 줄일 수 있다. 예비 창업자들이 창업을 목적으로 건물 임대를 알아볼 때 대체로 필요한 집기 물품도 같이 알아보기 때문이다. 운이 좋으면 사업장 원상복귀 없이 창업자에게 넘길 수도 있고, 사무용품 및 집기들도 처리하기 쉬운 상황이 된다.

연중 평균으로 볼 때 4월에서 6월까지 창업이 가장 활발하다고 한다. 요식업이나 카페와 같은 업종만 보더라도 처음 창업하는 사장들이 중고물품을 많이 찾는데, 남들이 중고물품을 찾을 때 재고정리를 하면 큰 손실 없이 좋은 가격에 넘길 수 있다.

학원 사업의 경우 1년 중 수강생이 가장 많이 모집되는 시기는 11월에서 1월 사이다. 따라서 학원 사업에서 손을 뗀다면 이 시기에 폐업을 해야 손실이 가장 적다.

창업하는 마음으로 마무리해야
다시 일어선다

새로운 사업주가 시작하기 좋도록 깔끔하게 마무리하여 세심하게 신경 써주는 것 또한 중요하다. 폐업정리를 하는 입장에서 마음의 여유는 없겠지만 새로 들어오는 사업주에게 최선을 다해 부족함이 없이 성의를 보이고 도와주길 조언한다.

간혹 짧은 생각으로 폐업을 하는 입장이니 대충 넘기고 빠지면 된다는 마인드로 정리하는 사장이 있는데 나중에 더 큰 문제를 불러올 수 있다. 인도를 하는 입장에서는 만족스러운 부분보다는 실망스러운 문제가 많을 수밖에 없다. 하지만 차후 책임 문제로 법적분쟁까지 가는 경우가 종종 있으니 사전에 유의하는 것이 좋겠다.

어려울 때일수록 입장을 바꾸어 생각하자. 내가 넘기는 사업장을 인수받아 들어오는 사장의 입장이 되어 성실하게 정리하자.

인연은 독하고 바닥은 좁다는 이야기를 많이 들어봤을 것이다. 내가 지금 만나는 창업자를 언제 어디선가 다시 만날 수 있다. 내 경우 매장 정리를 위해 전 사업자와 미팅을 하던 중 서로가 절실히 필요한 조건을 갖추고 있다는 것을 알고 동업관계로 발전한 경험이 있다.

세상의 이치는 아무도 모르는 것이고 비즈니스관계라도 서로가 어디서 어떻게 다시 만나게 될지 모르니 마무리를 잘할 때 좋은 평판을 유지할 수 있다.

나는 실제로 사업주들에게 본인에게 부족한 면을 누군가 채워 줄 수 있다면 M&A를 통해 시너지 효과를 극대화하라고 조언한다. 그렇게 멀리 보고 좋은 사람을 얻는다는 마인드를 갖추었을 때 진정으로 섬세한 사장이 될 수 있다.

마지막으로 법적조치라고 할 수 있는 폐업신고도 늦추지 말고 정확하게 신고해야 최종 폐업을 했다고 볼 수 있다. 앞서 말했듯이 신규 사업을 위해 대출을 받으려다 이전 사업장이 제대로 정리되지 못해 곤

란을 겪은 적이 있다. 전 사업자의 세금 문제 또한 정리되어 있지 않아 피해는 더 커졌다. 더 이상 사업을 하지도 않고, 전 사업장에서 수입도 없다고 소명했지만 폐업 정리 과정에서 지출했던 항목들과 손실에 대한 법적소명은 철저한 준비 없이는 불가능했다. 좀 더 꼼꼼하게 모든 자료를 챙겨놓을걸 하고 후회를 해봤자 늦은 일이었다. 이미 5년이나 지난 폐업 문제로 억울한 세금까지 납부하며 배운 경험이었다.

혹여 폐업으로 인해 당장 일자리를 잃는 직원이 있다면 퇴직 처리도 끝까지 잘 정리해줘야 한다. 다시 새로운 창업을 할 때 가장 도움이 되는 인재로 돌아올 수 있다는 것을 기억하고 직원의 고통을 가급적 줄일 수 있도록 마무리해야 한다. 사람은 베푼 만큼 다시 돌아온다는 것을 잊어서는 안 된다.

TIP

마무리가 깔끔한 세심한 사장이 망하기 전에 새겨야 할 것

① 3개월 평균 매출이 급감하는 적신호를 감지하자.

② 동종 업계 창업이 활발한 시기에 폐업하여 손실을 줄이자.

③ 나의 폐업으로 고통 받는 사람이 없도록 깔끔한 마무리에 신경 쓰자.

8장

장사에서 경영으로
사장이 거듭나는 순간

장사꾼으로 남을 것인가,
사업가로 남을 것인가?

인생을 돈벌이에만 집중하는 것은
야망의 빈곤을 보여주는 것이다.
네 스스로에게 너무 작은 것을 요구하는 것이다.
야망을 가지고 더 큰 뜻을 이루고자 할 때에야 비로소
진정한 자신의 잠재력을 실현할 수 있기 때문이다.
−버락 오바마

나는 보이는 것이 아니라 믿는 것을 그린다.
믿다 보면 보인다.
−에이머스 퍼거슨

"다 같은 사업인데 꼭 장사를 사업으로 키워야 하는 건 아니잖아요? 장사로 성공할 수도 있는데요."

"소비자 입장에서 동네 식당과 대형 브랜드 식당이 있을 때 어느 곳으로 발길을 돌리기 쉬울지 생각해봐요. 바로 그 차이예요."

사장으로서 정체성이 경영자인지 장사꾼인지를 논하기 전에 장사와 자영업, 사업의 의미부터 짚어보자. 장사는 이문을 얻기 위해 물건을 사와서 파는 일이다. 예를 들어 과일을 도매시장에서 사와서 일반 소비자에게 소정의 마진을 붙여 판매하는 것이다.

자영업은 자신이 직접 경영하는 사업이라고 이해하면 되겠다. 식당, 학원, 병원, 변호사 사무실 등 자신이 직접 사업에 참여하여 운영하는 것이다.

사업은 어떤 일을 일정한 목적과 계획을 가지고 시스템을 통해 짜임새 있게 지속적으로 관리하고 경영하는 일을 말한다.

역량은 충분하지만 매출이 늘어나고 점포가 확장될수록 사업의 어려움을 겪는 사장들에게 나는 프랜차이즈 사업의 장점을 잘 살펴보고 적용해보라고 조언한다. 프랜차이즈 사업은 매뉴얼에 의해 운영될 수 있도록 시스템을 갖춘 사업의 형태다. 경영자가 없어도 사업은 돌아간다.

요즘에는 대기업뿐만 아니라 개인도 프랜차이즈 사업을 통해 큰돈을 벌고 있고, 그 종류도 다양해지는 추세다. 외식업뿐만 아니라 IT 기술을 접목한 플랫폼 형태의 프랜차이즈 사업도 인기를 얻고 있다.

작은 가게부터 대형 프랜차이즈까지 다양한 사업의 구조를 알아보고 자신이 하는 사업에 적용해보면 좋겠다. 과일가게를 한다고 꼭 장사로 그칠 이유는 없다고 생각한다. 나도 처음부터 확장을 염두에 두고 학원 사업을 시작했던 것은 아니다. 자영업으로 시작하여 프랜차이즈 형태로 사업을 키운 예라고 할 수 있겠다.

규모가 크고 자금이 많다고 사업을 확장할 수 있는 것도 아니다. 어떻게 시스템을 갖추고 어떤 구조를 만드는가에 따라 장사꾼이 될지 사업가가 될지 그 결과가 달라진다.

동네 장사로
그치고 싶지 않은 사장들에게

시스템을 만들고 운영하는 것에 사업 확장의 기본이 있다. 실제로 나에게 경영 코칭을 받은 횟집 사장이 있다. 가끔 직원들과 회식을 위해 자주 찾던 횟집이었다. 마감시간이 10시인 식당이었는데 학원의 특성상 원장들이 모두 모여 본격적으로 회식을 시작하는 시간은 11시나 되어야 했다. 이러한 사정을 설명하고 양해를 구해 몇 번 그 식당에서 모이다 보니 여러 원장들과 학원 운영하는 이야기를 듣고 우리 사업과 내 역할이 궁금했던 횟집 사장님이 나에게 자문을 구해왔다.

30대 초반의 젊은 사장이 경영하는 40평 규모의 작은 횟집이었지만 동네에서는 깔끔하고 친절하다는 소문이 나서 장사가 잘되던 집이었다. 그 지역 말고도 몇 개의 지점을 냈는데 몸은 하나고 사업장은 여럿이다 보니 경영에 힘이 부친다는 것이 고민이었다.

나는 사장님에게 프랜차이즈 사업 형태를 추천했다. 프랜차이즈 형태로 사업장을 여럿으로 확장하는 방법, 운영 시스템, 직원 관리, 고객 관리, 자금 관리 등 사장이 챙겨야 할 업무 프로세스를 알려주었다. 젊은 사장은 내 조언을 성실하게 습득하더니 불과 3년 만에 6개의 직영점을 오픈하게 되었다.

지금은 본점을 직접 운영하면서 1시간 거리에 있는 분점까지 곧잘 관리하며 사업을 키워나가고 있다. 확장 4년차에 결혼도 하고 집도 장만하고 남들이 부러워할 정도로 안정적으로 사업을 운영하고 있는 것을 보면 남모를 뿌듯함과 보람도 느낀다.

지금 하는 장사로 충분히 만족하는데 꼭 사업을 해야 하냐고 묻는 사람도 있다. 동네 학원과 대형 브랜드 학원을 비교해보자. 고객은 어디를 더 신뢰할까? 아무리 좋은 것도 혼자서는 경쟁력에 한계가 있다. 사업장의 노하우를 공유하고 장점을 나누면 이익도 배가 될 것이다.

우리 학원은
프랜차이즈가 아닙니다

우리 학원을 프랜차이즈 학원이라고 생각하는 사람들이 많다. 전국에 우리 학원의 브랜드를 단 학원이 서브 브랜드까지 140곳이 넘으니 그럴 만도 하다. 실제로 대형 학원의 상당수가 이미 프랜차이즈 형태로 운영되고 있다. 하지만 학원 사업은 프랜차이즈로 경영하게 되면 원장도 힘들고 경영자도 힘들다.

물론 프랜차이즈의 장점도 있겠지만, 가장 큰 약점은 역시나 자율성과 유연성이다. 지역적 특성이나 원장의 능력에 대한 고려 없이 운영 시간이나 인테리어까지 일괄적으로 본사의 방침을 따르게 되면 경쟁력은 자연히 떨어지게 된다.

그래서 나는 프랜차이즈화라는 표현을 쓴다. 프랜차이즈의 장점만 차용해온 것이다. 3명으로 시작한 우리 학원은 현재 7명의 브랜드 위원이 있다. 이들과 함께 전체 운영을 의논하고 연합회비로 공통 자금을 집행한다. 사장으로서 나의 주 수익원은 직영점 매출로 창출한다.

동네 장사에 그치는 학원의 공통점

① 경영자가 경영 부진의 원인을 외부 탓으로 돌리며 매너리즘에 빠져 있다.

② 직원에게 믿음을 주지 못하여 관리 조직을 키우지 못한다.

③ 위기의식을 갖지 못하고 자만심을 절제하지 못한다.

④ 학원 청결도의 수준이 낮다. 동네 학원과 브랜드 있는 대형 학원의 대표적인 차이점
이다. 학원 청결도는 직원 사기의 척도다. 이 부분이 관리되지 않고 있다는 것은 경
영자의 마음이 현장을 떠나 있다는 것이다.

실패하는 사장의
7가지 공통점

오늘 누군가가 그늘에 앉아 쉴 수 있는 이유는
오래 전에 누군가가 나무를 심었기 때문이다.
—워런 버핏

창조력은 보편성을 낚아채서
우리 눈앞에 펼쳐준다.
—피터 캐스틴바움

"대표님은 사업에서 가장 중요한 것을 뭐라고 생각하세요?"

"저는 사람이라고 생각합니다. 나와 함께 일하고 싶어 하는 사람, 나를 대체할 사람, 사장을 믿어줄 사람까지. 사업의 다른 요소가 모두 갖추어졌는데도 사람이 없어서 도약하지 못하는 사업가들이 많습니다."

과거에는 성공하는 사장의 공통점으로 '근성과 뚝심'을 꼽는 사람들이 많았다. 그렇지만 사업은 노력만으로 성공할 수 없다. 얼마나 효율적인 업무 처리 능력을 갖추고 사업의 인사이트를 갖추었는지가 성공에 더 중요한 역할을 한다고 생각한다.

실패하는 사장들의 7가지 실수

우선 실패한 사장들의 전형적인 사례를 알아보자. 그들은 무엇이 문제였을까? 실패한 원인은 무엇이었을까? 무엇이 부족했을까? 성공하기 위해서는 무엇보다 리스크를 줄여야 하는데, 리스크를 줄이는 가장 효과적인 방법이 바로 실패 요소를 학습하는 것이다. 여기서는 창조혁신센터에서 소개한 내용을 기반으로 나의 경험을 덧붙여 소개하고자 한다.

첫째, 의사결정을 미룬다

실행력 부족은 종종 의사결정 단계에서 드러난다. 특히 과감하고 단호한 결정이 요구되는 상황에서 자신감 없는 태도로 효과적으로 대처하지 못하는 경우가 많다. 사장이 빠른 결정을 내리지 못하면 실행에 옮길 수 있는 타이밍을 놓치게 되고, 그 기회는 두 번 다시 오지 않는다.

이거다 싶으면 곧바로 결정하고 실행할 수 있는 실행력을 키워야 한다. 스스로를 믿을 수 있는 자신감과 꾸준하고 다양한 준비를 통하여 결정력을 키우자. 결정적인 시점에서 멈추어야 할지 추진해야 할지 결정하는 판단력을 키워라.

둘째, 직원의 최대 능력을 이끌어내지 못한다

실패하는 사장은 프로세스에만 집착하여 직원들의 잠재력을 극대화하지 못한다. 너무 작은 것까지 지나치게 챙기다가 정작 중요한 것을 놓치는 경우가 종종 발생한다. 나 역시도 사업 초기에 그랬다.

사장이 구성원들을 얼마나 믿고 지켜봐주는가에 따라 직원의 성과는 달라진다. 당신의 조직은 시스템과 매뉴얼에 의하여 업무가 원활하게 돌아가는가? 혹시 시스템에 갇혀서 상황에 유연하게 대처하지 못하고 있지는 않은가? 조직이 경직되어 있지는 않은가?

사장은 시스템을 기반으로 큰 그림을 그리는 사람이다. 거시적인 기회를 잡아 회사가 막힘없이 돌아갈 수 있도록 해야 한다.

셋째, 제한된 정보에 의존한다

어려울 때는 희망의 가능성을 찾기 위해, 잘될 때는 더 큰 성공을 위해 다양한 정보를 수집하고 파악해 시대를 관통하는 트렌드를 볼 수 있어야 한다.

올라갈 때가 있으면 내려올 때가 있기 마련인 인생의 이치를 깨닫지 못하고 잠시의 성공에 취해 우물 안 개구리처럼 새로운 정보와 트렌드를 받아들이지 않는 사장들이 많다. 새로운 정보와 트렌드를 읽고 변화하는 새로운 시대에 맞는 준비와 대비가 있을 때만이 지속적인 사업을 영위할 수 있다.

넷째, 인기에 연연한다

어느 정도 성공을 했다는 생각이 든다면, 달콤한 사탕발림보다 쓴소리를 찾아서 들어야 한다는 것은 동서고금을 통해 증명된 이야기이다. 하지만 회사 안팎에서 많은 사람을 접촉하는 사장은 인간관계가 넓어지면서 냉정한 입장을 유지하지 못하고 공과 사, 성과와 책임의 구분을 명확히 하지 않는 우를 범하기도 한다.

지금 하고 있는 사업의 성공에 안주하여 보고 싶은 것만 보고 듣고 싶은 것만 듣는 경우가 많다. 사람들이 환호할 때 더욱 탄탄하게 기반을 잡기 위한 굳건한 준비를 하지 못한다면 사업은 다시 제자리로 돌아간다. 어쩌면 다시는 일어설 기회조차 얻을 수 없을지 모른다.

다섯째, 낮은 수준에 만족한다

조금 성공했다고 거만한 행동과 말투를 보이는 사람을 우리는 주변에서 쉽게 볼 수 있다. 하지만 평범한 수준에 만족하는 사람에게는 평범한 결과밖에 돌아오지 않는다.

지금의 성공 요인은 언제든지 바뀔 수 있다는 것을 알고 항상 처음처럼 열정을 갖고 변함없는 노력을 해야 한다. 그래야만 성공을 유지하고 더욱 높고 큰 꿈을 이룰 수 있다. 성공한 사장들의 공통점은 겸손함과 강철 같은 의지라는 사실을 기억하라.

여섯째, 실수를 인정하지 않는다

자신의 실수를 쉽게 인정하지 않는 사장도 많다. 아마 직원들에게 스스로의 부족함을 보이고 싶지 않기 때문일 것이다. 그러나 사장의 이러한 태도는 직원들의 의욕을 빼앗고 다른 실패를 낳는 씨앗이 된다는 점에서 사업에 부정적인 영향을 미치게 된다.

성공한 사장들은 평소에도 직원들과 스스럼없이 소통하고 대화가 가능한 분위기를 만드는 데 노력을 게을리하지 않는다. 직원과 사장이 서로 눈높이를 맞추고 의견을 나눌 때 사장의 의사결정은 자신감을 얻고, 이는 의사결정의 결과에도 영향을 미친다.

전통적인 조직문화에서는 사장이 결정하면 결정된 사안에 토를 달지 않았다. 이런 문화에서는 직원들이 책임을 회피하게 되고 사장의 결정만 따르려는 퇴보적인 문화가 발생한다.

일곱째, 후계자 육성에 실패한다

사장의 최종 역할은 후계자 양성이다. 사업에 성공하여 높은 평가를 받던 회사들이 후임자의 부진으로 명성을 잃는 경우를 우리는 흔히 목격한다.

후계자 양성을 어렵게만 보지 말고 구성원들과 원활한 호흡을 맞출 수 있는 후보군을 추려 하나씩 교육하고 검증해나가야 한다. 작은 규모의 과업부터 출발하여 성공적인 수행 결과를 통해 능력을 입증해온 사람들을 후계자로 육성해야 한다.

지속적인 후계자 양성을 통해 언제라도 사장 자리를 맡길 수 있는 분위기를 만들어야 한다. 사업을 하다 보면 어떤 일들이 닥칠지 모른다. 사장의 부재로 미연에 막을 수 있는 문제에 대처하지 못한다거나 사장을 대신할 사람을 찾지 못해 사업을 확장하지 못한다면 이것은 사장의 무능이라고 봐도 좋다.

후계자 양성은 내가 자리를 떠나기 위한 방안이 아니다. 내가 자리를 비워도 회사가 아무 문제없이 돌아가게 만들기 위한 방편이자 회사를 확장하고 성장시키는 방편이다. 나 역시 사업의 규모를 키우기 위해 많은 사장들을 키운 것도 있지만 갑자기 몸이 안 좋아져 오랜 시간 부재하는 동안에도 누군가 회사를 흔들림 없이 이끌어갈 수 있었기에 지금까지 회사가 성장할 수 있었다.

실패한 사장들도 자신의 자리에 있는 시간 동안 나름대로 성공을 위해 많은 노력을 했을 것이다. 하지만 성공을 일구던 사장도 마찬가지로 어느 날 앞서 소개한 실수를 범하여 결국 실패로 치닫게 될 수 있다.

실패하는 사장의 조건 중 해당하는 부분이 있다면 의사결정 과정에서 한 번 더 확인하는 습관을 길러보길 바란다. 특히 회사의 구성원들과 공유하는 믿음과 신뢰가 사업의 성공 요인 중 가장 큰 핵심 가치라는 것도 잊지 말자.

TIP

성공하는 사장에게는 있지만 실패하는 사장에게는 없는 것

① 도약의 타이밍을 놓치지 않는 결단력

② 직원의 잠재력을 이끌어내는 수평적인 리더십

③ 사장의 부재를 대체할 후계 구도

내가 사업장의
화장실부터 찾는 이유

먼저 개척하라. 그리고 고독해져라.
—버지니아 로메티

새로운 발걸음을 내딛는 것,
새로운 말을 내뱉는 것을 사람들은 가장 두려워한다.
—표도르 도스토옙스키

"여기 사장님이시죠? 어떻게 사장님이 신발장을 정리하세요?"

"네, 맞습니다. 제가 사장인 줄 어떻게 아셨어요? 제가 직접 처음부터 끝까지 맞이하고 손님을 보내드리고 싶었어요."

"어디에 있어도 사장들은 티가 나요. 굳이 말하지 않아도 신발까지 다 기억하시고. 사장님이 인상적이어서 몇 번을 왔어요."

사장 눈에만 보이고 직원 눈에는 보이지 않는 것이 있다면 무엇일까? 성공 아이템? 인재? 전략? 이렇게 큰 것을 생각하는 사람들이 많을지 모르겠다.

　　나는 사업장의 바닥에 떨어져 있는 눈에 거슬리는 휴지나 불이 들어오지 않는 전등이라고 생각한다. 이 두 가지와 비슷한 것을 꼽는 사람이 있다면 나는 기본적으로 사장 자격이 있는 사람이라고 생각한다.

　　언제고 사장이 될 사람은 평상시에도 회사의 작은 것까지 눈여겨보며 신경 쓴다. 더 정확하게 말한다면 사장이 될 수 있는 사람은 노력하지 않아도 이런 것들이 신경 쓰이는 것이 맞다.

　　특히 서비스업을 하고자 하는 사장이라면 바닥에 굴러다니는 쓰레기, 눈살을 찌푸리게 만드는 먼지 등이 가장 신경이 쓰이고 전등이 나가 있다면 빠르게 교체하여 고객들을 불편하게 만들어서는 안 된다고 생각해야 한다.

그러나 지금도 가끔 사업장에 나가면 이런 작은 것들이 왜 내 눈에 먼저 띄는지 이해할 수 없을 때가 많다. 오랫동안 느낀 점이지만 사장은 이러한 점을 먼저 찾고, 직원들은 지적을 받아야 실행에 옮기는 것이 평범한 일이다.

이 문제를 다르게 해석하는 사람도 있다. 결국 성격 문제라는 것이다. 평소에 주변 정리정돈을 깔끔하게 잘하는 사람도 있고 그렇지 못한 사람도 있다는 것이다. 그렇게 설명하는 것도 틀린 것은 아니지만 나는 아주 사소한 것부터 다양한 관점을 갖고 기본부터 챙기는 사람이 사장이 되어야 한다고 생각한다.

특히 서비스업에서는 고객들이 사업장에 들어와 첫 번째로 갖게 되는 이미지가 회사의 청결 상태가 될 수 있으므로 더욱 신경 써야 한다. 평소 사장이 직원들을 어떻게 교육하고 사업의 어떤 부분을 중점으로 두고 있는지 드러나기 때문이다.

직원일 때는 보이지 않았는데 사장이 되고 나니 갑자기 이런 것들이 보인다는 사장들도 있다. 나는 직원일 때부터 이런 작은 것들을 잘 보는 직원을 사장으로 키우며 일하고 싶다. 나는 사람을 뽑을 때 영원히 직원으로 있을 사람을 선발하지 않는다. 아르바이트에서부터 임원까지 나는 누구 하나 사장 재목이 아니라고 생각하지 않는다.

나는 직원들이 사장의 마음가짐을 가질 수 있도록 입사 초기부터 교육한다. 작은 것 하나부터 챙기는 습관이 몸에 밸 수 있도록 노력하는 것도 중요하지만 출근해서 퇴근할 때까지 '내가 사장이라면'이라는 생각을 항상 품고 있는 직원을 양성하는 것. 그것이 내 경영 철학이다.

가장 후미진 곳의 상태가
사업하는 마음가짐을 드러낸다

사장의 자격을 판가름하는 나의 작은 습관을 공개하겠다. 우리 학원 브랜드를 쓰고 싶다고 문의하거나 사업의 조언을 얻고자 나를 찾는 사람들이 있다. 그럴 때마다 내가 일일이 응대할 수는 없지만 한번 검토해봐야겠다고 마음먹은 상대가 있다면 나는 그 사람이 근무하거나 운영하는 사업장을 되도록 직접 찾는다. 그리고 그 사람을 만나기 전에 꼭 화장실을 찾아 청결 상태 등을 확인한다.

화장실 하나 보고 어떻게 경영의 변수까지 가늠할 수 있느냐고 묻는 사람들이 많지만 나는 화장실의 청결 상태가 곧 그곳을 관리하는 사람의 준비 자세라고 생각한다. 사업의 적극성과 열정을 다른 데이터로 검증할 수도 있지만 현재 일하고 있는 마음가짐을 확인하고 다른 검증 요소를 확인하면 내 예상을 빗나가는 경우는 거의 없다.

작은 것 하나도 지나치지 않는 사람들은 당장은 어려워도 항상 준비하고 있으니 어려움에 처해도 비교적 빠른 시간 안에 벗어나는 것을 많이 보았다. 여러분이 보기에 전등 관리 상태와 화장실 청결 상태로 무엇을 가늠한다는 것인지 이해할 수 없을지도 모른다. 하지만 일을 모르는 사람은 가르쳐서 쓸 수 있을지 몰라도 기본이 안 된 사람을 고쳐서 쓸 수는 없다는 것을 나는 그동안의 사업 과정을 통해 검증했다.

평소 고객들을 생각하는 태도, 마음가짐이 사업을 성공으로 이끄는 척도가 된다. 간혹 나와 별 상관없는 사업장을 방문하게 되는데, 짧은 시간 눈에 들어오는 환경과 직원들의 움직임은 그 사업체 사장의 마인드와 자세를 가늠하게 한다. 이것은 회사의 크고 작음에 상관없는 공통 사항이다.

내가 운영하는 매장을 방문할 때도 한 바퀴만 돌아보면 현재 사장과 직원들이 어느 정도 호흡을 맞추면서 업무에 임하고 있는지 알 수 있다. 매출 현황을 확인하거나 직원 면담을 진행하지 않아도 매장 구석구석 청소 상태만 봐도 어느 정도 실적을 만들고 있고 관리자와 직원들이 평상시에 얼마나 자주 회의를 하는지, 어떤 내용에 중점을 두고 업무에 임하는지 정확하게 파악할 수 있다.

사업장의 청결 상태 다음으로 고객을 응대하는 '태도'를 체크해야 한다. 우리 학원의 경우 고객 응대를 통화와 실제 상담 두 가지 상황으로 나눌 수 있는데 응대 태도는 기본 중의 기본이지만 실제로 잘 진행되게 만드는 데는 세심한 교육과 주의가 필요하다. 고객은 학원의 응대 태도만으로도 학원의 상태를 가늠하기 쉽고, 실제로 학원 등록에 중요한 영향을 미친다.

이렇게 중요한 고객 응대 역할을 직원이 하는 허드렛일로 인식하는 학원이나 서비스업이 있다면 오래 가지 못할 거라고 자신 있게 말할 수 있다. 실제로 우리 학원은 이 부분을 가장 중요하게 생각하고 학원의 동선과 인테리어까지 신경 쓴다. 또한 상담 실장 역할은 관리자급 이상으로 채용하며, 직원교육의 중심에 상담교육이 포함되어 있다.

회사의 거울이라고 할 수 있는 자리를 교육이 제대로 안 된 직원이나 언제든지 그만둘 수 있다는 생각을 갖고 있는 직원이 맡는다면 고객에게 실시간으로 불안감과 자신 없음을 노출하고 있는 것과 마찬가지다.

다른 사업장에서 서비스를 받을 때 유난히 친절하고 성의 있게 일하는 직원을 보고 사장이라고 착각한 경험이 한 번쯤 있을 것이다. 그렇게 일하는 직원은 내 사업장에 스카우트하고 싶어진다. 우리와 함께 사업을 준비하고 있는 예비 사장과 만난 후라도 나갈 때 그 직원 얼굴을 한 번 더 보고 싶다. 반대로 간혹 저 자리에 왜 있을까 하는 직원을 보게 되면 내 사업장의 직원들이 어떤 마음가짐과 생각을 갖추고 고객들을 응대하고 있는지 점검하고 싶어진다.

사소한 종이 한 장이 누구 눈에는 돈으로 보이지만 누구 눈에는 하찮은 휴짓조각으로 보이는 이유는 무엇일까? 사장이 사업에 임하는 자세를 직원들도 보고 배운다는 것이다. 우리 눈에는 항상 같은 자리에 놓여 있거나 붙어 있으니 크게 신경 안 쓰고 스쳐 지나가는 정도겠지만, 고객은 이 모든 게 처음 접하는 것들이다.

사람이 많이 지나다니는 동선의 못 자국, 얼룩 하나는 늘상 이곳을 지나다니는 직원이나 원생의 눈에는 크게 보이지 않을지 몰라도 처음 방문하는 고객의 눈에는 크게 보일 수 있으니 주의해서 관리해야 한다.

당장 여러분의 사업장을 둘러보기 바란다. 평소에 보이지 않던 것들이 많이 보이게 될 것이다. 사장 눈에만 보이는 문제점만 해결하고 사업에 임해도 회사가 새롭게 보이게 될 것이다. 어쩌면 앞으로 사장이 해결할 새로운 업무 역시 생각나게 할 것이다.

TIP

섬세한 사장이 체크해야 할 기본 중의 기본

① 사업장의 청결 상태

② 처음 고객을 맞는 직원의 고객 응대 태도

③ 사장처럼 일하는 직원의 존재

실패의 원인은
항상 내부에 있다

성공은 형편없는 선생님이다.
그것은 똑똑한 사람들로 하여금
절대 패할 수 없다고 착각하게 만든다.

－빌 게이츠

외부에서 오는 기회에 시선이 끌리더라도
진정한 시작은 우리 내부에서 비롯된다.

－윌리엄 브리지스

"우리 학원이 들어오고 나서 학생들이 많이 빠져나갔다고 지역 원장들이 술렁거리나 봐요."

"왜 우리 때문에 학생들이 빠져나갔다고 생각할까요? 왜 경쟁이 시작되면 선생들 먼저 빼가려고 할까요? 외부로 탓을 돌리다 보면 계속 가진 것을 내놓을 수밖에 없습니다. 진짜 원인을 찾지 못하는 사이 문제는 계속 커져갈 테니까요."

이번 주제는 내부교육이든 외부교육이든 관리자에게 가장 많이 하는 교육의 주제이면서 사장으로서 가장 중요하게 생각하는 내용이다. 많은 사장들을 만나 회사 사정과 경영 이야기를 나누다 보면 대부분 회사가 어려워진 원인을 외부로 돌리려는 잘못된 생각을 하고 있는 것을 종종 발견한다.

그들에게 실상은 그렇지 않다는 것을 알려주기 위해 여러 사례를 들어 조언해주면 곡해 없이 받아들여주면 좋을 텐데 일일이 반론을 늘어놓기 바쁘다. 받아들이지도 않으면서 왜 나를 찾아 자문해주기를 원하는 것일까? 한결같이 자신은 잘못이 없고 회사에도 문제가 없는데 힘들다고 하며 나에게 어떻게 하나도 아닌 여러 사업체를 그렇게 소리없이 잘 운영하느냐고 묻는다.

이들의 상황을 파악하기 위해 오랜 시간 질문하고 답변을 듣다 보면 내부적인 반성보다는 변명부터 늘어놓는 공통점이 있다. 이런 경우 열이면 열 사장이나 경영진에 잘못이 있다. 문제가 뻔히 드러나는데도 잘못이 없다는 이들에게 무엇을 더 말하겠는가?

이정도 되면 나 역시 진실을 말해서 문제를 해결하는 것을 포기하고 적당히 맞장구를 쳐줄 수밖에 없다. 과연 이렇게 고집불통 사장이나 경영진이 회사 직원이나 거래처와 제대로 소통할 수 있을까?

제대로 된 경영자라면 사업에 문제가 있다고 인식했을 때 솔직하게 무엇이 문제고 어디서부터 잘못된 것인지 원인부터 찾고 분석해야 한다. 그리고 그 분석을 통해 경영자가 먼저 잘못을 수긍하고 문제 해결에 나서야 하는 것이 현명한 태도다. 현명한 경영자의 경우 솔직하게 문제를 지적하면 몰랐던 것을 배울 수 있어서 좋았다고 감사의 인사를 하고 떠난다.

문제의 원인은
대부분 사장에게 있다

많은 사장들이 사업이 어려워지면 여러 핑계를 명분으로 기존 사업을 접고 새로운 사업을 시작하기를 반복한다. 하지만 근본이 변하지 않았으니 결과는 항상 같을 수밖에 없다. 이유는 분명하다. 남의 말에 방어적인 태도로 의심부터 하는 사장의 자세는 사내외 문제 해결에 악영향을 미친다.

성공한 경영자는 자신에게 필요한 말을 흘려듣지 않고 항상 메모하거나 잘 정리하여 자신의 사업에 접목할 수 있도록 노력한다. 누구나 한 번의 실수는 할 수 있지만 이렇게 준비하는 자세로 임한 사장은 실수를 되풀이하지 않는다.

특히 사회 경험이 많은 경영자일수록 남의 말을 듣는 것에 인색하다. 그들은 자신들이 살아온 과거를 놓지 못한다. 대부분의 문제를 다 경험해보았다는 식으로 생각하기 때문에 젊은 직원이나 주변에서 바른 말을 하면 과거에 다 해봤다거나 그런 식으로 해서는 안 된다며 귀를 닫는다. 그런 사장은 요즘 젊은이들이 희화화하는 '꼰대'나 다를 바 없다.

잘못을 시인할 줄 아는 사장과 끝까지 잘못을 인정하지 않는 사장. 여러분은 어떤 사장인가? 사업이 침체하고 있다면 내부에서부터 문제를 찾아야 하는 것이 기본이다. 직원들과 원활한 의사소통은 이루어지고 있는지, 직원들의 사기와 열정이 식지는 않았는지, 사장이 콘텐츠 개발과 연구에 소홀하지 않았는지 등 여러 가지 원인들이 있을 수 있으니 생각만 하지 말고 직접 나서서 꼼꼼하게 체크해보길 권한다.

나도 건강이 악화되는 동안 점장들과 소통의 시간이 부족했다. 그러다 보니 직원교육에 소홀해졌고 그에 따른 리스크를 감당할 수밖에 없었다. 하지만 나는 이것을 나의 건강 악화에 원인이 있다고 보지 않는다. 이런 상황까지 대비한 경영 방침이나 정책을 준비하지 못한 내부적인 요인이 진정한 문제의 원인이라고 하는 것이 맞다.

여러분도 사업에 문제가 발생했을 때 그 원인을 외부 상황이나 경쟁업체의 문제로 여기지 말고 회사 내부부터 점검하길 바란다. 사업이 침체되고 있다면 가장 큰 원인은 경영자 자신에서 시작했을 확률이 높다. 외부적인 문제가 발생했다면 그것 또한 내부 요인이 외부로까지 번졌다고 봐야 한다.

TIP

내부 문제를 시인하지 않는 사장들의 공통점

① 위기 상황에 대한 변명이 많다.

② 직원이나 조언자의 진심어린 조언을 외면한다.

③ 문제가 발생할 때마다 해결하지 않고 같은 실패를 반복한다.

들어라, 상대가 원하는 것을 말할 때까지

나는 항상 준비되어 있지 않은 일들을 했다.
바로 그것이 성장하는 방법이라고 생각했다.
스스로 해낼 수 있다는 확신이 들지 않는 순간에도
끝까지 도전하면 당신은 돌파구를 찾을 수 있을 것이다.
—마리사 메이어

붓이 가는 대로 내버려두면
예기치 못한 데에서 무언가가 불쑥 튀어나온다.
—로버트 머더웰

"실장님. 처음 상담 오는 학부모나 학생들에게 먼저 어필하지 마시고 이야기부터 들어주세요. 특히 이전 학원에 어떤 불만이 있어서 그만두었는지 꼭 듣고 기록하세요."

"그러다 등록 기회를 놓치는 게 아닐까요? 매번 먼저 들으라고 하시니 편하면서도 불안해요. 대표님"

"상황 먼저 파악하고 지금의 불만을 해결하는 방향으로 상담하시면 되지 않을까요? 누구나 자기 문제를 해결하고 싶어 하니까요."

훌륭한 세일즈맨은 고객의 말부터 듣는다. 듣는다는 것은 마음을 열어주는 것이다. 상대방의 말을 들어주는 것이 어렵냐고 생각할지도 모르지만 말처럼 쉽지 않은 일이다.

사업을 처음 하는 사장들은 경험이 너무 없어서 문제를 만들지만 산전수전 다 겪은 사장들은 경험이 너무 많아서 모든 판단을 자신의 경험에 근거하여 내리는 성향을 보인다.

섬세한 사장이라면 직원들에게 마음을 열고 그들의 목소리를 들어야 한다. 회의시간에 자신의 생각을 전달할 때 사장이 생각하는 방향과 일치하지 않는다고 말을 막거나 관심이 없다는 티를 내며 건성으로 듣는 사장이 종종 있다. 어렵게 이야기를 꺼낸 직원은 사장에게 무시당했다고 생각하기 쉽고, 이런 상황들이 반복되다 보면 직원들은 의욕이 꺾이고 자존심에도 상처를 받게 된다.

사소한 이야기라도 자유롭게 의견을 나눌 수 있는 사내 분위기가 조성되어야 직원은 회사가 자신의 가치를 인정했다고 여길 것이다.

나는 직원과 대화를 나누는 것을 가장 소중한 시간으로 생각하고 즐긴다. 지금은 사업의 규모가 커졌기에 예전만큼 그 횟수와 밀도를 유지하기 어려워 아쉽지만 대신 설문조사나 제안서들을 통해 수시로 체크하는 시간을 갖는다. 고객의 가장 낮은 목소리부터 챙겨야 하듯 회사의 사소한 문제점부터 챙겨야 문제를 파악하고 해결할 수 있다.

간혹 직원이 중간관리자에게 보고를 해도 중간관리자가 판단하고 처리하여 사장이 놓치는 경우가 생긴다. 사안에 따라 사장만이 판단할 수 있는 것들을 구분하고 보고하는 시스템을 만들어야 한다. 원활한 피드백이 회사를 성장시키는 초석이 된다. 직원들이 사장의 눈과 귀가 되어 고객들의 마음까지 읽어갈 수 있을 때 사장은 회사에서 안정을 찾고 새로운 도전과 혁신을 할 수 있다.

직원의 이야기에 귀 기울이라는 말이 얼핏 쉬운 이야기처럼 들리지만 전혀 그렇지 않다. 아는 후배의 경우 학교에서 학생들을 지도하며 밖에서는 회사를 이끌어가는 등 어디 내놓아도 손색이 없는 사장감이다. 하지만 직접 대화를 나누다 보면 대화를 이끌어가는 데 문제를 보였다. 질문을 던져놓고 이야기를 나누다 보면 상대의 말을 끊거나 자기 생각만 일방적으로 쏟아놓으니 왜 이 사람이 나에게 질문을 하는지, 왜 우리가 대화를 나누는지 알 수 없을 때가 많다.

이러한 특성은 개인적인 관계를 넘어 비즈니스에서도 문제를 일으키니 자신의 대화 방식을 돌아보기 바란다.

개인의 관점이 아닌
사장의 관점으로 경청하고 결정하라

듣는 것은 뒤처지지 않는다고 자부하지만 업무에 치이다 보니 불쑥 직원이 대화를 청하면 끝까지 듣지 못하고 중간에 자르거나 내 기준에서 판단하여 급하게 자리를 뜰 때가 있다. 이런 경우 팩트를 잘못 이해하거나 적합하지 않은 지시를 내리게 된다. 결국 회사의 문제를 잘 해결하지 못한 것이다. 이렇게 곤란한 상황이 생길 때마다 나는 후회하면서 다시 듣는 연습을 한다.

나는 왜 잘 듣지 못했을까? 상대의 의견을 들을 때 자신의 '기준'과 '편견'으로 사안을 판단했기 때문이다. 기준과 편견은 누구나 가지고 있다. 하지만 주로 결정을 내리는 사장의 자리에 오르면 이 벽은 더 두터워지고 자유로운 커뮤니케이션과 의사결정에 방해 요소가 된다.

점장단회의를 하다 보면 내가 스스로 만든 편견에 갇혀 제대로 의사결정을 내리지 못하는 것은 아닌지 늘 점검한다. 간혹 점장들이 내가 제시한 사안에 현명한 기준점을 갖고 적절한 근거에 입각하여 자신 있게 반박 의견을 내놓을 때가 있는데 이럴 때는 오히려 이렇게 자유로운 분위기로 의견을 나눌 수 있다는 것에 감사한 마음을 갖고 내 의견을 돌리는 편이다.

물론 직원이 사장보다 경험이 많고 현장 상황을 잘 안다는 이유만으로 직원에게 들은 정보를 전적으로 참고하여 결정을 내리는 것도 위험하다. 사람들은 저마다의 관점에서 생각하고 이야기한다. 섬세한 사장이라면 모든 사안을 분석하고 결정할 때 경영자의 관점에서 실행해야 한다.

사장은 하루에도 수백 번씩 의사결정을 위한 협상 테이블에 오른다. 내 경험에 따르면 잘 듣는 것만큼 좋은 협상 기술은 없다. 협상의 목적은 내가 원하는 것을 얻는 것이고, 이기는 협상을 하려면 상대가 원하는 것부터 먼저 파악해야 한다.

당신에게 듣는 능력만 있다면 협상은 유리하게 흘러간다. 사람들은 의외로 원하는 것을 빨리 이야기하기 때문이다. 내가 하고 싶은 말보다 상대방의 생각과 원하는 것을 경청하고 상대방의 이야기 속에서 답을 찾으려고 노력할 때 성공하는 사장이 될 수 있다.

또한 사장은 사안에 따라 모든 내용을 유연하게 판단하고 받아들이는 자세가 되어 있어야 한다. 사람은 나이가 많던 적던 자기가 생각하는 기준으로 생각하고 들으려는 경향이 강하다. 섬세한 사장이 되려면 좋은 소리부터 나쁜 소리까지 사업에 도움이 되는 의견을 받아들이고 현장에 적용하여 자기 것으로 만들려는 자세가 필요하다.

TIP

섬세한 사장의 경청 스킬

① 직원의 솔직한 목소리가 가감 없이 올라올 수 있는 소통 시스템을 만든다.

② 개인적인 편견에 갇혀 자의적인 결정을 내리지 않도록 주의한다.

③ 의견을 중간에서 전달하는 사람의 입장까지 고려하여 점검한다.

9장

아티스트를
유능한 사장으로 만드는
노하우

쓸 만한 회사가
쓸 만한 사람을 모은다

의심나는 사람은 쓰지 말고,
일단 쓰면 의심치 말라.

−사마천

당신을 존중하고 제대로 대우하는 사람들로
당신의 주위를 채우라.

−클로디아 블랙

"여기 직원들은 진짜 특이하네요. 인사부터 매너 하나하나까지. 이런 직원들은 어디서 뽑아오세요?"

"좋은 직원은 우리가 선택한 다음부터 완성한다고 생각해요. 특히 매너교육은 창업 초기부터 대기업이나 호텔에서 하는 커리큘럼과 강사까지 똑같이 진행하고 있어요. 원하는 수준의 인재가 있으면 그 수준으로 가르치세요."

많은 사장들이 입버릇처럼 "우리 회사에는 쓸 만한 사람이 없어"라고 말한다. 나는 그 사장들에게 다시 묻고 싶다.

"당신의 회사는 일할 만한 회사인가?"

직원들과 회사를 꾸리며 쓸 만한 사람이 없다고 한탄하는 것은 사장이 사람을 키우지 못하고 있다는 반증이다. 우리 회사는 왜 일정 수준 이상 스펙의 직원들이 없을까? 우리 회사는 왜 믿고 맡길 수 있는 관리자가 없을까? 이미 나는 앞에서 회사에 문제가 있을 때 내부에서, 특히 사장부터 문제가 없는지 살펴보고 해결해야 한다고 강조한 바 있다.

대부분의 문제는 신기할 정도로 사장에게 있다. 만약 그렇지 않다고 해도 사장이 앞장서서 책임지는 태도로 일해야 직원에게 책임감을 불러일으킬 수 있다. 하물며 조직 관리, 직원 관리 문제에 대해서는 사장이 책임을 피할 수 없다.

회사의 그릇 크기만큼 그에 맞는 직원이 모인다. 어쩌다 넘치는 스펙의 인재가 들어온다고 해도 회사의 그릇이 감당할 수 없으면 인재는 금방 튕겨져 나가버린다. 그리고 들고나는 직원이 많아질수록 그 회사에서 만족감을 갖고 일하는 직원들의 충성도는 낮아지고 이탈률은 급증한다. 눈에 보이지 않는 비용의 손실이 일어나는 것이다.

회사마다 좋은 인재를 채용하는 시스템을 갖추고 있겠지만 체계적인 직원 관리 시스템이 없다면 좋은 인재도 오래 있지 못한다. 이렇게 이야기해도 사장들은 여전히 쓸 만한 사람 타령이다.

직원들의 문제점과 잘못을 보기 전에 회사의 문제점이 무엇이고 쓸 만한 인재를 가로 막는 걸림돌이 회사 어디에 박혀 있는지부터 찾아야 한다. 제도의 문제인지, 관리자의 문제인지, 성과평가와 처우의 문제인지, 회사가 직원들에게 신뢰감을 잃고 있는 문제점이 무엇인지를 먼저 찾아 개선하기 위한 노력을 해야 한다.

회사가 처음부터 100% 만족할 만한 사람은 없다. 60~70% 만족할 만한 사람이라면 나머지는 회사가 함께 일하며 채워줘야 한다. 사장인 나도 100% 완벽한 사람이 아닌데 어떻게 직원에게 완벽의 수준을 요구할까?

쓸 만한 인재가 없다는 것은 곧 회사의 문제라고 생각해야 한다.

그랬을 때 내 곁에 있는 인재도 보이고 인재를 모으기 위한 진정한 노력을 기울일 수 있다. 특히 구성원 간에 피해의식은 없는지, 1차적인 계약 조건에 위배 사항은 없는지, 단순하게 회사의 비전과 희망이 없다고 생각하고 이직하는 직원들이 생기고 있지는 않은지, 이러한 상황들을 철저하게 조사해야 진상을 파악할 수 있다.

마무리가 좋아야
다시 돌아온다

직원 입장에서 보면 아무리 열심히 일해도 누구 하나 알아주지도 않고 그만한 인정을 받지 못한다는 생각이 들거나, 누구는 학연과 지연을 포함한 관계의 덕을 보고 부당한 보상을 받았다는 생각이 들면 직원들은 회사를 떠난다. 회사를 통해 얻고자 하는 목적을 이룰 수 없다고 생각하기 때문이다.

나는 입사하는 직원보다 퇴사하는 직원을 더욱 중요하게 생각한다. 오늘 등록하는 원생보다 오늘 학원을 그만두고 떠나는 원생을 더 중요하게 생각한다. 우리 학원의 업무 매뉴얼에는 학원을 떠나는 직원이나 원생과 면담하거나 설문조사를 받는 절차가 포함되어 있다. 왜 학원을 떠나는지, 다니면서 어떤 인상을 받았는지, 이후에 다시 다닐 의향은 없는지, 우리 학원의 개선점은 무엇인지 등을 상담을 통해 경청하는 것이다. 경험을 토대로 말하자면 떠나는 사람들은 거짓말을 잘 하지 않는다.

정든 직원이나 학생을 더 이상 볼 수 없을 때 사장이 느끼는 참담함은 이루 말할 수 없다. 상대가 시간과 노력을 들여 오랜 관계를 맺고자 노력했던 케이스라면 더 말할 것도 없다. 상처받은 마음, 그 직원의 빈자리를 채우기 위한 손실까지 생각하면 정신이 없을 수 있지만, 꼭 그들의 이야기를 들어봐야 한다.

이것은 경영의 원칙이라기보다 인생의 진리에 가깝다. 인연은 시작보다 마무리가 중요하다. 잘 만나고 잘 헤어져야 하는 것이다. 이 원칙만 사장이 잘 이해하고 적용해도 조직 관리에 큰 도움이 된다.

반대로 신입 원생은 이전 학원의 퇴원생인 경우가 많다. 신입 원생과 면담할 때도 상담 매뉴얼에 이전 학원을 왜 그만두었는지 꼭 묻게 한다. 다른 학원을 그만둔 이유를 알게 되면 우리에게 오게 된 이유를 알 수 있다. 우리보다 잘하는 학원에서 한 가지가 걸려서 나온 학생에게도 참고할 부분을 배울 수 있다. 우리를 떠난 후 다시 돌아오는 직원이나 원생도 많은데 이는 우리가 어떻게 마무리했는지에 달려 있다.

이러한 과정은 연애와 같다. 다른 사람을 만나봐야 애인의 소중함도 알 수 있듯이 직원과 원생에게도 이러한 기회를 주어야 한다는 것이 나의 경영 철학이다.

행동하는 비전을 만드는
사장의 노력

회사의 규모가 작을 때는 사장이 직접 직원들과 소통하며 문제를 해결할 수 있지만 일정 규모 이상의 회사라면 중간관리자가 회사와 직원 사이의 현명한 다리 역할을 해야 한다.

그들이 역할을 잘하지 못해 사소한 문제가 크게 불거질 때도 많다. 이런 문제를 피하기 위해 나는 주기적으로 직원들에게 설문조사나 메일을 받아 회사에 대한 만족도를 체크하고 있다.

시대가 어느 때인데 아직도 사장이 직접 그런 것을 챙기느냐고 하는 사람도 있다. 1차원적으로도 보이지만 이 방법만큼 직원들의 생각을 정확하게 알 수 있는 방법을 아직 찾을 수 없었다.

직접 만나서 대화를 나누는 것도 중요하지만 많은 사장들이 듣는 것보다 말하는 것을 좋아해서 일방적으로 사장의 생각만 전달하는 자리로 끝나는 경우가 많다. 직원들과 만남의 자리를 갖은 사장들에게 오늘 직원들에게 무슨 이야기를 들었냐고 물어보면 대부분 말을 잇지 못한다. 그냥 "분위기가 좋았어"라는 대답밖에 하지 못한다면 위험하다는 신호다.

사장도 직원의 눈치를 봐야 한다. 나는 요즘도 잠자리에 들기 전에 오늘 직원들에게 들은 이야기를 상기한다. 만약 들은 이야기가 별로 없다면 사장으로서 오늘 하루를 반성한다.

주기적으로 직원들에게 건의 사항을 메일로 받다 보면 진로부터 결혼, 재테크, 사업 구상까지 다양한 고민을 듣게 된다. 이 자료는 개인 면담이나 교육 콘텐츠를 기획할 때 좋은 자료로 쓰인다. 직원과 면담할 때 직원의 관심사를 미리 파악해둔다면 시간을 낭비하지 않고 핵심만 전달하여 직원의 만족도를 높일 수 있다.

설문조사를 할 때는 직원들이 회사를 바라보는 생각을 세분화하여 파악할 수 있는 주제를 정하고 조사 결과를 분석하여 교육시간에 회사의 생각과 나아갈 방향을 공유하는 시간을 갖는다. 이 시간을 잘 활용하면 직원과 회사의 고민을 나눌 수 있고 큰 문제로 번질 수 있는 사소한 오해를 해결할 수 있다.

끊임없이 인재를 찾는 사장들에게 마지막으로 한 가지 당부하고 싶은 말이 있다. 많은 보상만 주면 언제든 쓸 만한 사람을 데려올 수 있다고 여기는 것은 오만한 생각이다. 돈만 주면 올 사람이 주위에 널려 있다는 위험한 착각에서 벗어나야 한다. 진짜 일 잘하는 인재는 금전적인 부분만 보고 회사를 선택하지 않는다. 오히려 회사가 주는 비전, 희망, 꿈에 미래를 거는 경우가 많다.

비전, 희망, 꿈은 누가 만들어주겠는가? 바로 사장의 몫이다.

섬세한 열정이
인재를 만든다

성공적인 직원 채용의 방법은
세상을 변화시키길 원하는 사람들을 찾아내는 것이다.

−마크 베니오프

나는 사물의 외형을 보지 않으며
그 물체가 태어난 스토리를 듣는 것을 좋아한다.
우리가 흔히 모조품을 대할 때 실제와 똑같은 제품인데도
만족스럽지 못한 것은 영혼이 없기 때문이다.

−파비오 노벰브레

"왜 그 좋은 스펙 중에서 김 선생을 뽑으셨어요? 이제 와 말이지만 말이 많았어요. 지원자 중에 뭐 하나 뛰어난 구석이 없었는데 지금 1년 만에 최고의 강사가 된 것도 신기하고요."

"임시직 기간 동안 관리자 평가는 평균에 그쳤지만 학생들 설문에 이 사람을 칭찬하는 말이 항상 있었어. 이유가 궁금해서 강의 전후로 살펴봤는데 강의실 구석구석 안 살피는 곳이 없더군. 단시간 내에 자리 잡을 거라고 확신했지."

숱하게 사람을 상대하면서 나만의 사람 보는 안목이 생겼다. 회사가 기본적으로 검토할 스펙은 서류를 통해 확인할 수 있지만 나는 면접에서 지원자의 말하는 자세와 대화를 통해 받는 느낌을 중요하게 생각한다.

물론 모든 사장에게 이 방식을 추천할 수는 없다. 다년간의 경력과 타고난 감각이 있어야만 이 방식을 통해 사람을 가려낼 수 있기 때문이다.

말단 직원까지 사장이 채용에 관여할 수는 없지만 최소한의 안전장치로 3개월 수습 기간을 둔 후 이 관문을 통과한 사람을 최종 직원으로 선발한다. 직무에 맞는 구체적인 역량을 갖추었는지는 수습 기간 동안 관리자들의 보고를 통해 확인할 수 있다. 관리자의 채용 의견을 거의 전적으로 수용하지만 중요한 포지션의 경우 사장이 직접 나서 최종 면접을 볼 필요가 있으니, 경우에 따라 사장 면접 제도를 적극 활용하는 편이다.

사람을 기용하는 것은 사장이 해야 할 가장 중요한 일 중 하나다. 아무나 적당히 쓸 수 없으므로 꼼꼼하게 체크하여 잘못된 채용으로 인한 마음고생과 금전적 손실을 줄여야 한다.

지금까지 직원 문제로 금전적인 손해를 보거나 마음고생한 횟수는 이루 말할 수도 없다. 말만 앞세우는 사람, 뒤에서 딴소리하는 사람, 자기절제가 부족한 사람, 매사 부정적인 사고로 주위 사람들에게 안 좋은 영향을 미치는 사람, 윗사람들에게 아첨만 하며 일은 하지 않고 적당히 회사에 붙어 있으려고 하는 사람, 성실하고 긍정적인 사람들을 모략으로 회사에서 내몰려고 하는 사람 등등 때로는 사장인 나도 회의감을 느끼게 만드는 사람들이 그렇지 않은 사람보다 많다.

조건과 경험을 뛰어넘는 성실함을 단련시켜라

나는 '스펙이 좋은 직원보다는 성실한 직원을 채용하라'고 말한다. 직무에 따라 이 말을 받아들이는 정도가 다르겠지만 나는 기본적으로 직원은 채용 후 회사가 투자하여 직무 능력을 높여주어야 한다고 생각한다.

이 과정을 굳이 설명하자면 '섬세한 열정 만들기'라고 할 수 있다. 노력과 열정만으로 성공할 수는 없다. 실력이 뒷받침되지 않는 성실함은 일정 기간 내 발전을 보이지 않으면 비웃음만 사기 쉽다. 동료 직원들이 성실함을 무능함으로 결론내리기 전에 이들을 업그레이드시켜 일 잘하는 직원으로 만드는 것은 회사가 해야 하는 일이다.

웬만한 것들은 다시 가르쳐야 한다고 생각하다 보니 스펙보다는 성실함을 우선시했다. 스펙에 의존하는 직원들과 일하면 개인주의적인 성향이 강한 것을 관찰할 수 있었다. 구성원들 간의 화합보다는 개인 능력을 과시하려는 성향이 짙은 이들에게는 회사의 노력이 잘 흡수되지 않는 반면, 성실한 사람들은 끈기 있게 열심히 노력하여 결과적으로 높은 직무 성과에 도달하는 다수의 사례를 지켜볼 수 있었다.

그래서 나는 빨리 두각을 나타내는 직원보다 느리더라도 열심히 하는 직원을 더 눈여겨본다. 학생 때부터 입시 지도를 했던 경험 때문인지 직원도 학생을 끌어올리는 것처럼 교육학을 접목시키는 편이다.

클래스에서는 뛰어난 학생을 한 번 봐주는 것보다 잘 따라오지 못하는 학생을 두세 번 봐주는 것이 교육 효과도 크고 고객의 충성도를 끌어올리는 데도 효과적이다. 이런 방침으로 교육하다 보면 부진하던 학생이나 직원도 기대 이상으로 분발하여 처음부터 잘하던 친구들에게 자극을 주기도 하니 투자했던 것보다 몇 배의 효과가 있는 셈이다.

이런 성실한 인재들은 회사나 학원이 자신을 키워준 과정을 오래 기억하고 고마워한다. 한 브랜드가 자리 잡기까지 브랜드 스토리가 중요한 것처럼 이러한 과정을 거치면 사장은 자연스레 스토리텔링을 하게 되고 '내 사람'을 만들 수 있다.

물론 회사의 도움 없이도 처음부터 두각을 나타내는 직원도 있다. 하지만 일반적으로 그 뛰어난 능력도 많은 사람과 원만한 대인관계를 유지하는 사회성이 더해졌을 때 지속가능하다. 이러한 이유로 나는 첫째로 성실하고 모든 일에 적극적인 노력을 기울이는 사람을 우선순위로 채용한다.

TIP

회사를 좀먹는 에너지 뱀파이어의 특징

① 말만 앞세우고 뒤에서 딴소리를 한다.

② 아부에 능하며 일은 적당히 처리한다.

③ 모략을 일삼으며 긍정적인 사람들을 내몬다.

돈 맛 알려주는 사장이
일할 맛 나는 회사를 만든다

세상을 바꿀 한 문장은 무엇인가?
편하지 않은 흥분 상태에서 항상 열심히 일하는 것이다.

—래리 페이

디자인은 말 없는 세일즈맨이다.

—헨리 드레이퍼스

"잘 먹었습니다. 매번 사주시니 감사한 일이긴 한데, 성공한 사업가라도 무슨 돈으로 이렇게 자주 밥을 사세요?"

"사업하는 사람이 아무 생각 없이 돈을 쓰겠어요? 나는 잠을 자고 있어도 불어나는 돈으로 밥을 사요. 아무에게나 노하우를 나눌 수는 없죠. 우리 직원이 되면 배울 수 있습니다."

"무슨 학원 직원들이 이렇게 좋은 차를 타고 다녀요?"

점장 워크숍이나 회의를 주최하면 한 번씩 나오는 말이다. 겉치레만 생각하는 사람들이 모인 것이 아닌지 의심받는 것이 싫어서 나부터 드러나는 치장은 자제하려고 주의했지만 이젠 이 말도 기분 나쁘게 들리지 않는다. 우리는 그만큼 성공을 이루었고, 그에 맞는 집에 살고 분수에 넘치지 않는 차를 타고 다니는 것뿐이다.

그렇다고 남의 입에 오르내릴 정도로 분수에 안 맞는 호사를 누리는 직원은 없다. 다만 걸리는 것은 학원 직원치고는 차림이 화려하다는 것인데, 이것은 우리 선배들이 학원 사업에서 사장 배만 채우고 이익을 나누지 않아 직원들은 가난하고 불안정한 이미지를 남겨놓았기 때문이라고 생각한다.

나는 내 사업을 시작하기 전 사업의 많은 부분을 우리나라를 대표하는 미술학원 브랜드에서 배웠다. 일한 만큼 보수를 받는 기쁨보다 학생의 입시를 성공시키고, 나를 따르는 학생이 늘어나고, 학원이 사세를 확장하는 것 자체에 희열을 느꼈던 때다.

결국 여러 가지 이유로 학원을 나오고 지금의 사업을 성공시켰지만, 그때만큼 지치는 줄 모르고 일했던 때가 없었던 것 같다. 그때 최고의 연봉을 받았기에 그것을 기반으로 사업에 성공했을 것이라는 추측성 이야기를 가끔 듣지만 실상은 달랐다.

학생이 늘어나는 만큼 일도 늘어 과로는 계속되었지만 나는 그만큼의 보상을 받지 못했다. '학원을 키우면 언젠가는 보상받겠지. 우리는 가족처럼 일하니까.' 이렇게 생각하고 견뎠지만 결국 끝까지 함께하지 못했다. 사실 그때의 기억이 직원을 키운다는 생각, 사람을 키우려면 보상부터 해줘야 한다는 생각의 큰 뿌리가 되었다.

사장들은 자기만큼 회사를 생각하고 일하는 직원이 없다며 매우 속상해한다. 하지만 어떻게 보면 그것은 당연한 일이다. 나를 인정하지도 보상도 하지 않는 회사를 위해 왜 열심히 일해야 할까? 이 갈증이 해소되려면 어떻게 해야 할까? 내 회사도 아닌데 내 회사처럼 여기고 열심히 일하라는 것 자체가 억지 아닐까?

이떤 직원들은 비전이 없는 회사라도 급여를 많이 주면 일할 수 있다고 말한다. 이 사람들은 반대로 회사가 어려워져서 급여를 맞출 수 없다면 가장 먼저 나갈 것이다. 특히 회사가 영세한 구조일 수록 이러한 현상은 더욱 심해진다. 근본적인 구조를 개선하지 못한다면 사장이 직원들 눈치 보면서 사업하는 꼴이 될 수밖에 없다.

결국 불안한 경영 구조를 개선하는 것이 목표가 되어야 한다. 사장처럼 일하게 만들려면 직원들을 사장으로 만들어주던지 그들이 원하는 대가를 지불해야 한다.

두 가지 다 어려운 문제일 것이다. 그렇다고 그냥 손 놓고 갈 수는 없지 않은가. 그래서 회사마다 다양한 교육과 보상 체계로 좋은 인재를 육성하기 위해 많은 투자를 하고 있다. 그렇지만 교육과 보상만으로 이러한 문제가 해결될까? 교육과 보상도 중요하지만 직원에게 비전과 꿈을 심어줘야 한다.

섬세한 사장은
비전을 실현되게 만든다

직원들에게 비전과 꿈을 심어주는 것이 왜 중요한가? 꿈은 단지 부자가 되어 근사한 집과 좋은 자동차를 갖는 것이 아니다. 정말 중요한 것은 근사한 집과 좋은 자동차를 살 수 있는 '능력'을 갖는 것이다. 이를 위해 끊임없이 노력하고 배우는 과정에서 '나는 어떤 사람이 될 거야'라는 비전과 꿈이 만들어지는 것이다.

"나중에 잘하면 학원을 줄게."

"자네도 어서 원장이 되어야 하지 않아?"

당장 직원의 마음을 사기 위해 비전을 제시한다는 사장들이 주로 하는 이야기다. 잘되면 보상을 해주겠다는 것은 너무나 당연한 이야기다. 너무 당연해서 사람을 움직이기 어려울 수 있다.

보편적인 이야기보다 상대가 무엇을 원하는지 제대로 알아봐야 한다. 돈을 원하는 사람이 있고 명예를 원하는 사람이 있듯이 각자가 원하는 바는 다르다. 특히 우리 학원은 미대를 나와서 사회 경험이 부족한 친구들이 많다. 나는 이들에게 사회를 알게 해주고 돈 버는 방법도 알려주며 실제로 돈을 벌게 해준다.

비전과 꿈을 키우는 방법은 수없이 많지만, 무엇보다 삶을 변화시키는 '교육'이 선행되어야 한다. 성공에 대한 태도, 리더십, 커뮤니케이션, 사람 관리, 사업 마인드부터 부동산 투자 같은 재테크 기술까지 다양한 교육을 통해 '나도 할 수 있다'는 자신감을 불러일으켜야 한다.

세상을 사는 법을 알려주기 위해 내가 직원들에게 하는 교육 하나를 소개한다. 나는 돈의 원리를 깨치기 위해 '마중물 법칙'을 이해해야 한다고 말한다. 돈을 벌기 위해서는 우선 마중물에 해당되는 자본금을 모아야 한다. 대부분은 버는 돈에 대해서만 고민한다. 그러면 돈을 모으기 어렵다.

1억 원을 벌고 싶다면 1천만 원이든 5백만 원이든 종자돈을 먼저 모아야 한다. 작은 돈을 모아본 느낌을 아는 사람이 1억 원도 벌 수 있다.

신입 직원에게는 통장 쪼개기부터 가르친다. 실제로 나에게는 20개의 통장이 있다. 수입 통장, 지출 통장부터 나누고 수입 통장은 다시 적금 통장, 주택 통장으로 다양한 용도에 맞춰 쪼갠다. 특히 지출 통장에서 자신을 위한 선물을 하지 말라고 교육한다. 차나 명품을 사야 한다면 수입 외 통장에 돈이 모였을 때 사자. 수입 외 통장에 찬 돈으로만 자신을 위한 선물을 하는 습관을 들여야 돈이 모인다.

나는 밥을 잘 사는 사람이다. 만나는 자리마다 밥을 사는 나에게 사람들은 무슨 돈으로 매번 밥을 사냐고 묻는다. 나는 내 돈이 아닌 돈에서 밥을 산다. 1천만 원만 모아도 5~7% 수익이 나는 통장으로 돌린다. 결국 잠을 자고 있어도 들어오는 돈으로 밥을 사는 것이다.

실제로 집값의 10% 종잣돈만으로 집이나 건물을 살 수 있는 노하우를 직원과 나눈다. 이러한 교육으로 실제 집도 사고 부자가 된 직원이 많다 보니 외부에서 당장 돈 나오는 통장을 알려달라는 성화도 심심치 않게 받는다.

이렇게 내가 그동안 쌓은 경험을 바탕으로 한 교육을 통해 직원들에게 사장 혼자만 잘 먹고 잘 사는 것이 아닌 직원과 함께 성장하며 성공할 수 있다는 것을 보여주려고 한다. 이 과정에서 우리는 서로에 대한 신뢰를 쌓아간다.

우리는 학연, 지연 없이 사회에서 만나 함께 사업장을 하나하나 일 구며 성공을 향해 달려가고 있다. 이런 분위기가 밑바탕이 되다 보니 이제 막 들어온 신입 직원들까지 우리 학원에서 근무하는 것에 대해 자 긍심과 긍정적인 마인드를 가지고 일할 수 있게 되었다.

우리도 처음부터 좋은 관계만은 아니었다. 멀리 떨어진 각 지점에 서 일하다 보니 오해도 생겼지만 일주일에 한 번씩은 얼굴을 마주하며 관계 개선과 비전 공유를 위해 노력하고 있다.

하루하루 업무를 소화하기도 어려운데 언제 교육 내용을 만들고 교육을 해야 하는지 고민하는 사장도 있을 것이다. 하지만 내가 생각 하는 사업 1순위는 사람을 먼저 만들어놓는 것이다. 그래야 전장에서 싸울 수 있고 성과도 만들 수 있다.

TIP

직원에게 비전과 꿈을 심어주는 법

① 이익을 나누어 일해야 하는 이유를 일깨운다.

② 돈 버는 법과 관련한 실생활에 필요한 교육을 진행한다.

③ 목표와 자신감을 갖춘 긍정 마인드를 전파시킨다.

직원이 곧 사장이고 고객이다

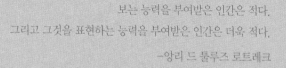

뜨거운 열정보다 중요한 것은
지속적인 열정이다.

—마크 주커버그

보는 능력을 부여받은 인간은 적다.
그리고 그것을 표현하는 능력을 부여받은 인간은 더욱 적다.

—앙리 드 툴루즈 로트레크

"왜 학원 사업을 서비스업이라고 폄하하세요? 강사보다 행정직 직원들을 더 살뜰히 챙기시는 것도 자존심 상해요."

"선생님은 그 권위의식부터 버리세요. 학원 사업은 실제 사업자등록증에도 서비스업으로 분류됩니다. 나는 실장도 원장이 될 수 있다고 생각해요. 고객의 진짜 컴플레인은 행정 쪽에서 막아내는 거예요. 수업에 안 들어가는 사람이 강사 10명 몫을 하기도 합니다."

오랜 시간 사업을 하다 보니 중간 중간 직원들과의 갈등을 피할 수 없었다. 그 시련의 시간을 넘기며 사장부터 신입 직원까지 같은 마음가짐으로 일하는 좋은 회사를 만들고 싶었다. 그리고 이 꿈을 실현하기 위해 직원을 사장으로 키우자는 결심을 하게 되었다.

'주인의식을 가져라', '사장의 마음으로 일해라'는 이야기가 더 이상 통하지 않는다는 것을 나도 잘 알고 있다. 그러나 불가능해 보여도 전 직원이 사장의 마음으로 일한다면 그 회사는 엄청난 경쟁력을 가질 수 있을 것이다.

사업에는 많은 어려움이 있지만 무엇보다 잘 해결되지 않는 것이 사람 문제다. 우리 학원에서 학부모와 직원을 상대로 설문조사를 해보면 이 학원을 다니는 것도 사람 때문이고 그만두는 것도 사람 때문임을 알 수 있다.

처음에는 브랜드나 명성에 혹해서 우리 학원을 선택한 학부모들도 선생님이 아이에게 신경을 덜 써준다고 느끼면 더 이상 아이를 맡기려 하지 않는다. 반면 처음에는 선생님의 전공이나 경력이 흡족하지 않더라도 학원을 다녀온 아이의 반응이 좋으면 입시까지 믿고 맡긴다.

직원의 경우도 크게 다르지 않다. 점장 때문에, 실장 때문에 그만두기도 하고 회사가 경영난에 봉착했을 때 동료와 상사와 함께하고 싶어 버티는 경우도 있다.

"어떻게 대표님은 수많은 사업장을 이끌면서 학교에서 강의도 하고 다른 비즈니스도 병행할 수 있나요?"

내가 많이 듣는 이야기 중 하나다. 내 대답은 한결같다.

"나와 같은 사람을 많이 키워 놓은 덕분에 가능한 일이죠."

직원을 사장처럼
일하게 만드는 과정

직원을 사장으로 키우겠다고 처음 결심한 이후 나는 경영의 관점을 철저하게 '사람' 중심으로 바꿨다. '나 아니면 안 돼'라는 사고방식을 믿고 맡기는 방식으로 대체했다.

믿고 맡길 수 있는 시스템과 매뉴얼을 만들어놓으니 신기하게도 사람을 더 믿게 되었다. 이렇게 믿어주니 직원들은 일에 더 책임감을 가지고 회사에 기여한다는 것을 확인할 수 있었다.

많은 사장들이 누군가를 믿고 맡기는 일, 즉 위임을 잘 하지 못한다. 아마도 남을 믿고 맡겨본 적이 많지 않기 때문이리라. 의심하고, 확인하고, 돌다리도 두드려보는 것이 사업의 기본 생리라 그 과정에 익숙한 것이다.

이런 사장들에게 덜컥 직원을 믿으라고 말한다고 듣지 않겠지만, 회사의 발전과 지속을 위해서는 직원을 믿고 직원에게 맡길 수 있는 시스템을 만드는 것이 현실적인 숙제가 될 것이다.

처음부터 업무에 선을 긋고 사장이 일선에서 빠질 수는 없다. 위임에도 순서가 있다. 나는 직원을 사장으로 키우겠다고 결심한 후 가장 먼저 사장과 직원 간의 수직적 관계를 수평적 관계로 개선하고자 노력했다. 수평적인 소통을 통해 누구나 사장이 될 수 있다는 희망을 키워주고 실제 사장이 될 수 있도록 구조를 개편했다.

우리 회사는 직원이 원하면 누구나 회사에 투자할 수 있고 경영에 참여할 수 있다. 연차와 나이에 관계없이 능력만 있다면 언제든지 관리자가 될 수 있으며 능력 없는 관리자는 성과와 직원 평판에 따라 언제든 자리를 내려놓아야 한다. 이 구조를 가능하게 만들기 위해서는 꾸준한 교육과 상호 간 신뢰를 쌓아야 한다.

직원들에게 회사가 성장하면 경영자와 함께 수익을 나누어가질 수 있다는 것을 이해시켜야 한다. 나는 종종 이것을 파이의 크기에 빗대어 설명한다. 나 혼자 사업을 해서 키울 수 있는 파이가 10, 그중에서 사장이 가져갈 수 있는 몫을 5라고 가정한다면 전 직원이 함께 100으로 파이를 키워 직원이 20을 가져갈 수 있도록 만들자고 이야기한다.

만약 여러분이 선택할 수 있다면 어떤 파이를 선택하겠는가? 나눌 수 있다면 그만큼 일의 배분과 성과에 민감해지겠지만 공정한 룰과 누구나 이해할 수 있는 매뉴얼을 정한다면 직원들도 스스로 사장 마인드로 일할 수 있다. 그리고 실제로 노력을 보상으로 돌려줄 때 이 효과는 지속가능해진다.

내부 고객의 만족이
곧 브랜딩이다

나는 지금까지 이러한 구조로 직영사업체를 성공적으로 유지하고 있다. 이 과정에서 사업다각화를 통해 젊은 인재들을 키우고 미래에 대한 비전을 지속적으로 제시할 수 있었다.

사업의 목적은 이윤추구이지만 나는 이 과정에서 직원들에게 '세상을 살아가는 법'을 깨닫게 하고 싶었다. 학업을 하며 우리 학원에서 아르바이트로 생활비를 벌던 친구들이 안정적인 일자리를 얻어 강사로 성장하고 또 회사와 동반성장하는 것을 보면서 이들을 리더로 성장시켜야겠다는 사명감도 얻을 수 있었다.

이렇게 직원이 만족하는 회사를 만들면 고객에게도 영향을 미친다. 직원들이 1차 고객이라는 관점으로 접근해야 한다. 직원들을 함부로 대하는 일부 사장들에게 꼭 전하고 싶은 이야기가 있다. 직원이 회사를 그만두는 순간 직원은 1순위 고객으로 바뀐다는 것을 명심해야 한다. 퇴사자가 우수고객이 될지 기업에 악영향을 주는 레드고객이 될지는 잘 생각해보길 바란다.

정직원뿐만 아니라 아르바이트로 일하는 직원들도 회사를 나가면 주위에 가족, 친지, 친구들이 있는 일반 고객과 전혀 다르지 않다. 오히려 우리 회사를 경험한 직원이 말하는 평판으로 회사의 이미지와 브랜드 가치가 크게 변한다는 사실을 인식해야 한다.

당연한 이야기고 단순한 원리지만 많은 사장들이 놓치고 있는 부분이다. 많은 사장들이 고객의 행복이 무엇인지 늘 고민하면서도 직원의 행복이 무엇인지에 대한 고민은 부족한 것이 사실이다. 단순하게 급여를 올려주거나 인센티브를 조금 더 준다는 식의 생각은 최선이 아니다.

소중한 직원들이 회사에서 만족감을 느끼고 행복하게 일하며 안정적인 인생을 일구도록 돕는 것이 급여 이상으로 직원의 행복에 영향을 미친다. 직원을 행복하게 만들어 회사를 발전시키는 원동력으로 삼길 바란다.

왜 오너가 아닌
리더가 필요한가

리더십이란 리더가 없는 상황에서도
그 영향력이 지속되도록 하는 것이다.
―셰릴 샌드버그

예술의 핵심은
'기꺼이 위험을 무릅쓰는 것'이다.
―웬델 캐슬

"어느 조직이든 위계질서가 중요한데 대표님은 왜 그렇게 수평적인 조직문화를 강조하세요?"

"내 키가 왜 작은지 알아요? 학교 다닐 때 하도 맞아서 그래요. 농담인 줄 알죠? 하지만 예체능계 사람들이 규율이 강하죠. 선배 말은 군대처럼 복종해야 하고 뛰어난 후배 키워주는 법을 몰라요. 이 문화가 사업에까지 영향을 미쳐서는 안 돼요. 사장은 무조건 따르라고 지시하는 사람보다 믿고 따를 수 있는 사람이 되어야 해요."

누구나 한 번쯤 사장을 꿈꾸며 작게라도 사업을 하는 상상을 해봤을 것이다. 사장은 어떤 사람인가? 부처나 공자와 같은 역할을 하며 모든 사람과 상황을 이해해야 할까? 아니면 뉴스에 나오는 갑질 사장들처럼 사장이라는 이름으로 인간에게 할 수 없는 일들을 자행해야 할까?

이렇게 극단적으로 다른 예를 든 것은 사장은 그만큼 복합적인 역할을 수행해야 하는 자리이며 말 못 할 외로움과 고충을 느끼는 역할이기 때문이다. 이해를 돕기 위해 학원을 처음 하는 원장들의 공통된 오해와 편견을 예로 들겠다.

- 좋은 자리에 광고만 잘하면 학원은 성공한다.
- 그림만 잘 그리는 강사가 있으면 된다.
- 브랜드만 좋으면 된다.

잘된 학원 광고는 처음에는 분명 효과가 있다. 하지만 광고 효과는 시간이 지날수록 약해지고, 고객만족도는 더 빠른 속도로 떨어진다. 결국 이미지가 나빠질 수밖에 없다. 그 상황에서 진행하는 광고는 깨진 독에 물 붓는 격이다.

강사는 그림을 잘 그리는 것보다 가르치는 능력이 중요하다. 강사에게 재학생 관리 능력을 키워주는 것은 학원의 몫이다. 브랜드가 좋은 학원이 무조건 성공한다면 우리 학원 브랜드를 달고 있는 전국 100개가 넘는 학원이 모두 각 지역 1등인지 살펴보면 답은 나온다.

이처럼 학원 사업을 성공시키기 위해 수행해야 할 사장의 역할도 생각보다 복잡한데, 다른 업계의 사장이라고 해도 상황은 크게 다르지 않을 것이다.

직원의 신뢰를 얻지 못하는 사장은 성공할 수 없다. 나는 성공하고 싶은 사장들에게 오너보다는 리더가 되는 길을 권하고 싶다. 그렇다면 어떤 사람을 훌륭한 리더라고 말할 수 있을까? 회사를 성장시키고 회사 안팎에서 존경받는 사장은 어떻게 만들어질까?

리더십을 '권위'와 '권력'으로 잘못 인식하는 사람들이 많다. 사실 직장에서는 상하관계에 의해 업무가 돌아가는 경우가 많기 때문에 권위와 권력의 힘을 잘못 사용하면 리더의 역할을 수행하기 어렵다.

리더는 단순히 사람들에게 지시하고 업무를 해결해나가는 사람을 의미하지 않는다. 리더와 팔로워는 서로 이끌어주고 받쳐주면서 함께 목표를 향해 나아가야 한다.

진정한 리더는 어떤 업무라도 직원이 자발적으로 일할 수 있도록 만들어야 한다. 강제성과 강압에 의해 일을 지시한다면 당장의 목적을 이룰 수 있을지는 몰라도 거시적인 목표는 이루기 어렵다.

처음 창업하는 사장이라면 눈앞의 과제를 해결하는 데 급급할 수도 있겠지만 거시적인 안목을 갖고 일을 진행해야 한다. 그렇지 않으면 직원들과 잦은 마찰을 일으킬 수 있고, 작은 이익을 좇다가 큰 것을 놓칠 수도 있다.

나도 일찍이 사업을 시작했으나 처음부터 리더십을 겸비하기에는 경험도 부족했고 생각도 짧아 많은 실수를 되풀이했다. 시간이 흘러 나의 리더십 부족으로 문제를 해결하지 못했던 상황을 되돌아보면 내가 먼저 직원을 이해하고 품어줬더라면 더 좋은 결과로 이어지지 않았을까 아쉬움이 남는다.

시간이 지나고 경험이 쌓이면서 나도 리더십을 조금씩 갖추기 시작했지만 아직도 많이 배우고 발전시켜야 하는 역량이다.

진정한 리더는
직원을 주인공으로 만든다

리더십코칭연구소 김종명 대표의 교육 내용 중에 인상적인 대목이 있어 소개하려고 한다. 한 기업의 임원이 말한 내용이라고 한다.

"리더는 자신이 주인공이라는 착각에 빠지면 안 된다. 일이 잘되게 해야지 자기가 잘나 보이려고 하면 안 된다. 자기를 내세우는 사람은 모든 걸 직접 하려고 한다. 이렇게 되면 리더 혼자 바쁘고 팀원들은 빈둥거리게 된다."

어떻게 하는 게 자기를 내세우지 않는 것인지 물었더니 이런 답이 돌아왔다.

"어떤 일이 주어지면 그 일을 자신이 꼭 해야 하는 건지 먼저 생각해야 한다. 자신이 꼭 하지 않아도 되는 일은 과감하게 위임해야 하고 직원을 주인공으로 만들기 위해 노력해야 한다."

리더는 자신이 결코 주인공이 아니라는 사실을 명심하게 하는 대목이다. 직원들의 성과를 통해 자신의 성과가 만들어지는 구조를 이해해야 한다.

그럼에도 자신이 모든 것을 직접 해결해야 하고 자신만이 문제를 해결할 수 있다고 믿는 사장들이 있다. 이들은 바쁜 게 일을 잘하는 거라는 생각의 함정에 빠져 있다.

이런 생각을 갖고 있는 리더들은 자신은 바쁜데 직원들은 한가하다고 생각한다. 구성원들이 일을 잘할 수 있도록 환경을 만들어주는 것이 진정한 리더의 임무다. 리더는 목표를 공유하고 직원들의 노력을 한 방향으로 결집하여 조직의 성과를 내는 사람이다.

나는 리더십의 핵심을 '신뢰'라고 정리하고 싶다. 문화예술계 인재가 되는 교육을 받은 사람일수록 사람을 잘 믿지 않는다. 지금은 아니겠지만 나도 참 많이 맞으며 배웠다. 상명하복의 군대문화 속에서 자기 작품을 만드는 과정에 골몰하고 그 작업 방식에 익숙해진 사람들은 사람을 잘 믿지 못한다.

실제로 다른 학원에서 데일만큼 데였던 직원을 경력직으로 입사시켰던 적이 있다. 입사한 지 얼마 되지 않아 몇 번의 회의만 했는데도 어떻게 학원을 이렇게 경영하는지 놀랐다며 정신까지 개조되는 기분이라고 했다. 시키는 대로만 해야 하는 학원이 아니라 작은 일 하나에도 디테일하게 하나하나 고맙다고 챙겨주는 우리 학원만의 리더십 문화에 감동했다는 것이다.

리더십 문화에 감동한 이 직원은 일하는 태도부터 바뀌기 시작했다. 이 직원은 지금 우리 학원에서 없어서는 안 되는 존재감으로 하루가 다르게 성장하고 있다.

여러분을 신뢰하지 않는 직원을 이끄는 것이 과연 가능하다고 생각하는가? 리더가 직원으로부터 지식과 협동을 이끌어내려면 무한한 신뢰가 기반이 되어야 한다. 이것이 리더십이 필요한 진정한 이유다.

사장이 리더십을 갖추는 데는 많은 시간과 노력이 필요하다. 하루아침에 리더십 있는 사장으로 변신하는 것은 불가능한 일이겠지만 리더십의 정의를 제대로 인지하고 노력하는 자세를 보일 때 직원들도 진정성을 알아보고 따르기 시작하는 것을 느낄 수 있을 것이다.

TIP

오너는 할 수 없지만 리더는 할 수 있는 것

① 상대를 자발적으로 일하게 만들 수 있다.

② 자신의 일을 과감하게 위임할 줄 안다.

③ 위임받은 사람을 주인공으로 만든다.

사장은 함께 성공을 만드는 사람이다

나를 만나고 싶다는 사람 열에 아홉은 사업 성공의 비결을 묻는다. 30대 이전 두 번의 사업 실패 경험을 알지 못하는 사람들이 대부분이고, 우리 정서상 실패의 원인을 묻는 것이 실례라고 생각하기 때문일 수도 있다.

"왜 실패했다고 생각합니까?"

지금도 현재진행형의 사업을 펼치는 나로서는 들어본 적 없는 질문이지만, 나에게 사업 자문을 구하는 사장들에게 나는 이 질문을 꼭 한다.

답변들 들어보면 이런저런 변명이 많다. 결국 요약하자면 "운이 없어서" 그랬다는 게 평범한 경우다. 나는 그렇게 생각하지 않는다.

단순히 운이 없어서일까? 최소한 작은 성공을 이룰 줄 아는 사장이라면 성공의 원인은 운으로 돌리고, 실패는 자기 것으로 보듬을 줄 알아야 한다.

　지금은 사업의 가장 큰 자산을 한 치의 주저도 없이 '사람'이라 대답하는 사장이 되었지만 내 실패의 원인은 '사람'이었다. 승승장구할 때는 나만 잘난 줄 알아서 떠나는 직원과 동료가 있었고 사업에 뒤처지면 뒤처지는 대로 사람이 떠났다. 필요할 때 내 손을 잡아주고 나를 돕겠다는 사람이 없으면 사업은 시작도, 지속도 할 수 없다는 것을 깨달았을 때부터 지금까지 줄곧 나는 사람부터 챙긴다.

　나를 사업가로서 일으켜주고 지탱해준 것 역시 사람이었다. 지금 우리 학원 사업도 나를 비롯한 7명의 브랜드위원들이 우리가 객관성을 잃지 않고 제대로 된 길로 확장할 수 있도록 함께하고 있다. 내가 직접 운영하는 직영점은 말할 것도 없거니와 우리 브랜드로 학원 사업을 이끌어주시는 원장님들, 직원들의 브랜드 일체감과 열정이 없었다면 업계 제일의 자리를 이렇게 오래 지킬 수 없었을 것이다.

　이 책을 쓰는 데 많은 영감을 주고 뿌리를 내리게 해준 것도 전국에서 고생해주고 있는 원장님들 덕분이다. 병중에 있을 때 하루가 다르게 여위어가는 몸을 감출 수 없었지만 많은 식구들을 책임지는 사장으로서 조금의 티도 내고 싶지 않았다. 미팅 중간에 고통 때문에 병원으로 뛰어가고 운전 도중에 갓길에 겨우 차를 세우고 신음하면서도 내 사업의 원칙만은 제대로 정리해야겠다는 의지는 더욱 강해졌다. 아물지 않은 수술의 상처를 움켜쥐고 출근하는 나를 바라봐야 했던 아내, 아들이 얼마나 큰 고비를 넘겼는지 한참 후에야 아셨지만 평생 나를 믿어주신 부모님과 사랑하는 아이들에게 고마운 마음을 전한다.

사장이라면 사업이 번창할수록 사장만 잘 먹고 잘 산다는 비난을 피하기 어렵다는 사실을 이해할 것이다. 지금도 사장이 되고 싶다고, 다시 사장으로 일어나고 싶다고 나를 찾는 사람들에게 이 점만은 강조하고 싶다. 혼자 배불리기 위한 일을 찾는다면 나는 사업이 그 길은 아니라고 말하고 싶다.

사업은 사장과 함께하는 사람들과 우리 사회를 더 잘 살게 만들기 위한 일이다. 독자 여러분이 이 점을 조금이나마 이해할 수 있다면 반평생 사장으로 살아온 내 시간과 노력이 헛되지 않을 것이다.